Je me mets au running

POUR LES NULS

Je me mets au running POUR LES NULS

Philippe Maquat

Journaliste

FIRST Editions

Je me mets au running pour les Nuls

« Pour les Nuls » est une marque déposée de John Wiley & Sons, Inc.
« For Dummies » est une marque déposée de John Wiley & Sons, Inc.

ISBN : 978-2-7540-7571-8
Dépôt légal : septembre 2015

Direction éditoriale : Marie-Anne Jost-Kotik
Édition : Sophie Rouanet et Raphaël Dupuy
Correction : Anne-Lise Martin
Mise en page et couverture : Stéphane Angot
Photographies : Jean-Pierre Durand (sauf p. 16 © Stéphane Ruchaud / Natacha Nikouline; p. 82 © Awakened Eye / iStockphoto et p. 138 © Otografias / iStockphoto)
Production : Emmanuelle Clément

Imprimé en France par Pollina - L73412

Éditions First, un département d'Édi8
12, avenue d'Italie
75013 Paris – France
Tél.: 01-44-16-09-00
Fax: 01-44-16-09-01
E-mail: firstinfo@efirst.com
Internet: www.pourlesnuls.fr

Sommaire

À propos de l'auteur

Philippe Maquat fut d'abord reporter dans un quotidien national, *Le Matin de Paris,* chargé de l'athlétisme et d'autres sports. Il collabora ensuite au *Journal du dimanche* avant de devenir rédacteur en chef adjoint du mensuel de course à pied *Jogging International*. Il écrit aujourd'hui dans un autre mensuel de course à pied, *Running Attitude*. L'auteur de ce livre, qui est aussi celui de *Courir pour les Nuls* paru chez le même éditeur, est donc passé, dans la pratique comme dans l'écriture, de l'athlétisme sur piste à la course sur route, devenant un marathonien très expérimenté qui a couru une trentaine de marathons sur tous les continents. Et qui, pour être bien dans le vif du sujet, cumulait à chacun de ses déplacements course à pied et reportage sportif et touristique pour le support représenté. Soucieux de progresser dans sa pratique, il a amélioré régulièrement ses chronos sur toutes les distances, ce que nous souhaitons vivement aux lecteurs de ce livre qui, eux aussi, ne peuvent que progresser. Un formidable stimulant pour la vie de tous les jours que de constater ses progrès en course à pied.

Remerciements de l'auteur

Remerciements pour leur collaboration à cet ouvrage aux entraîneurs, médecins du sport, diététiciens et responsables de magasins de sport qui nous ont fait part de leur expérience et que nous citons, et remerciements bien sûr à Rodolphe Bier, entraîneur diplômé d'État à Saint-Étienne dans la Loire (`contact@courirpassion.fr` ; site : `www.courirpassion.fr`), qui, en tant que coach et coureur à pied depuis 25 ans, est l'auteur de tous les plans proposés dans ce livre, des débuts en course à pied au marathon, en passant par 5 km, 10 km et semi-marathon.

Introduction

Mais qui a inventé le jogging ?

Champion olympique du marathon à Munich en 1972, l'Américain Frank Shorter a eu quelques années après son titre suprême une idée de génie : que la course à pied devienne l'affaire de tout le monde et non pas seulement celle des champions. Vraiment pas une idée folle que cette invention de la course à pied populaire, le but visé par Frank Shorter étant alors de lutter, dans son pays d'abord, contre la sédentarité, le recours systématique à l'automobile et la malbouffe, tout cela favorisant l'obésité chez ses compatriotes. Même si, outre-Atlantique comme en France ou ailleurs, l'obésité n'a pas disparu – loin s'en faut, les plus jeunes étant également touchés –, le jogging est néanmoins devenu un phénomène de société. Selon les derniers chiffres connus, ce sont 7,8 millions de Français qui pratiqueraient la course à pied, dont 3,4 millions de femmes. Jogging pour le plaisir, pour être en forme, pour perdre du poids, mais aussi course avec un dossard – près de 6 000 épreuves sont organisées en France chaque année, du 5 km au marathon en passant par d'autres distances encore plus longues. Courir, c'est simple, c'est vraiment à la portée de tout le monde, à cette nuance près : ne pas commettre d'erreurs quand on débute sous peine de devoir renoncer rapidement. Nous allons vous donner les meilleurs conseils possibles pour débuter, progresser, et même, si vous êtes motivé, courir un peu plus tard votre premier marathon. Mais avant, il faudra aborder des distances bien plus courtes. Pas de miracle et, surtout, pas question de brûler les étapes.

Eh oui, Sissi courait !

Élisabeth d'Autriche, plus connue sous le nom de Sissi, pratiquait déjà le jogging dans la seconde moitié du XIXe siècle, pas si vieux après tout. Dans une biographie qu'elle a consacrée à Louis II de Bavière (éditions Grancher), Janine Decant, historienne, révèle en effet que Sissi disait au roi de Bavière, son cousin, qu'elle s'efforçait de faire de l'exercice pour garder la minceur de sa taille et qu'elle pratiquait la course à pied dans les jardins de ses châteaux. Lorsqu'elle annonça à Louis II que, l'été suivant, elle ferait à pied le trajet reliant la commune de Feldafing à Munich, son cousin, étonné, lui répondit : « Mais il y a au moins 30 km, il faut de l'entraînement pour réussir un tel exploit. » Et elle l'a réussi ! Comme quoi le jogging et la marche, ce n'est pas si nouveau.

Chapitre 1

Pourquoi vous devez courir

D'abord parce que courir est à la portée de tout le monde. Un maillot, un short ou un cuissard, un collant, une bonne paire de chaussures de running, tout cela ne coûte pas grand-chose et suffit pour commencer à dérouler sa foulée dans un parc, sur un chemin.

Courir, c'est bon pour votre corps

Pour le cœur

Le cœur est un muscle rouge qui, comme les biceps, va prendre du volume grâce à la pratique de la course à pied. Votre fréquence cardiaque va diminuer progressivement et votre cœur enverra, par le sang, plus d'oxygène dans vos tissus mais avec moins de battements par minute. Il sera plus économe. Une fréquence cardiaque de repos élevée est en effet un facteur de stress.

Pour les os et articulations

Contrairement à une idée reçue, courir, c'est tout bénéfice pour notre système ostéo-articulaire et la prévention de l'arthrose. Courir stimule l'os, le rend plus solide. La course à pied favorise le renforcement des cellules du cartilage et assouplit nos tendons, développant du même coup notre sens de l'équilibre. Tout ceci est important aussi avec le passage des années. En outre, courir favorise le bon équilibre pondéral, alors que le surpoids est à coup sûr traumatisant pour les articulations.

Courir, c'est bon pour la tête

Moins de stress et mental plus fort

Aujourd'hui on appelle cela le « burn out ». Surtout au travail avec un emploi du temps surchargé, des pressions pas vraiment amicales, parfois des menaces ; bref, on en passe. Reste qu'on appelle les pouvoirs publics et médicaux à faire de ce stress une vraie maladie. Bien sûr que la course à pied ne va pas résoudre les problèmes de votre entreprise. Mais courir va vous vider la tête, vous permettre de dédramatiser, d'oxygéner votre cerveau, de l'aérer. Les endorphines, des antalgiques qui entraînent un effet euphorisant, sont libérées grâce à la course et vous donnent la pêche. C'est l'idéal pour aborder vos problèmes l'esprit plus serein.

Libido renforcée

Sur ce plan, c'est sans doute bon pour la tête, mais pour le corps aussi et surtout… le cœur. En tout cas, l'atténuation du stress, la forme retrouvée et… le réchauffement de notre corps entraîné par la course à pied seraient autant d'atouts pour notre vie sexuelle, hommes et femmes confondus. Simple et logique après tout. En outre, une étude américaine réalisée sur des hommes de 50 ans et plus a montré que les troubles de l'érection de ces coureurs étaient moindres que chez les sédentaires. Et c'est le cas surtout pour les coureurs qui font au moins 30 km par semaine, un objectif à la portée de beaucoup. Vous savez donc ce qu'il vous reste à faire…

L'intelligence aussi

« Un esprit sain dans un corps sain », pourquoi ne serait-ce pas la conséquence de la pratique du sport, et de la course à pied notamment, histoire de rompre avec le sportif idiot qui a tout dans les muscles et rien dans la tête. Si Patrick Modiano ne doit pas son prix Nobel de littérature obtenu en 2014 à la pratique du sport, reste que la course à pied oxygène autant les muscles que le cerveau ; le fait de trouver de nouvelles idées, de résoudre un problème lorsque l'on court n'étant pas le fruit du hasard. En outre, aux États-Unis, voici quelques années des chercheurs ont mené des études sur des souris sportives – eh oui – et sédentaires. Or le cerveau des sportives développait plus de cellules que celui des sédentaires. L'étude a été menée aussi dans une école où de jeunes athlètes ont obtenu de meilleurs résultats que d'autres élèves plus sédentaires.
Une élève sportive a certes relativisé en disant que le sport renforçait la rigueur, la persévérance et le goût de l'effort dans ses études, mais bon… Toujours est-il qu'une nouvelle étude menée sur des élèves de 7 à 9 ans a révélé voici peu que la pratique du sport permettait à ces enfants de penser et d'apprendre mieux que des enfants plus sédentaires. Idem pour les adultes sans aucun doute.

Courir, c'est bon contre la maladie

L'hypertension

Si la tension artérielle est trop élevée, on parle d'hypertension. S'il y a trop de pression sur votre tuyau d'arrosage, il risque de casser. Chez nous, le tuyau, c'est l'artère qui peut aussi casser, le cœur ayant beaucoup de mal à envoyer du sang dans un « tuyau » trop serré. Si l'hypertension est souvent génétique, elle a aussi pour cause la sédentarité – on y revient toujours – et la malbouffe ; elle peut entraîner des accidents vasculaires. Courir, manger moins et plus équilibré va assouplir nos artères et favoriser le passage du sang. Ce n'est pas un hasard si on retrouve 10 % d'hypertendus en France et seulement un peu plus de 2 % chez les sportifs.

Le diabète

Le diabète se caractérise par un excès de sucre dans le sang. Or, lorsque l'on court, on consomme du glycogène, stock de sucre qui est le « carburant » numéro 1 du coureur à pied – nous étudierons un peu plus loin les différents carburants qui permettront au coureur de mener à bien son effort. Bref, courir a donc comme conséquence logique de réguler le sucre dans le sang et de combattre le diabète, cela associé, on y revient à nouveau, à une meilleure alimentation et à une perte de poids.

Le cholestérol

Il y a le bon et le mauvais cholestérol. Le mauvais, c'est un excès de graisse dans le sang, synonyme d'accidents vasculaires possibles. Or, courir, c'est consommer du glycogène (voir ci-dessus), mais aussi des lipides, des graisses. La course à pied va donc faire baisser le taux du mauvais cholestérol et augmenter celui du bon. Là, encore, course à pied et alimentation bien régulée seront nécessaires.

L'asthme

Votre enfant est asthmatique, il ne doit surtout pas faire de sport ! Quelle erreur ! D'autant que nombre de champions olympiques tous sports confondus sont asthmatiques. Courir va en effet favoriser le travail des poumons et renforcer notre système cardio-pulmonaire. Les poumons fonctionnant mieux, ce sera tout bénéfice pour combattre les bronchites chroniques ou bien l'asthme. Tant mieux, car l'asthme, qui touche 2,5 millions de Français – dont beaucoup d'enfants – est en constante augmentation. Dans ces conditions, faites du sport, courez !

Le cancer

Nous n'irons pas jusqu'à dire que courir nous empêchera à coup sûr d'avoir un cancer. Reste que le neuropsychiatre David Servan-Schreiber, qui a été terrassé par une tumeur au cerveau, estimait que courir 30 minutes 3 fois par semaine diminuait les risques de cancer. Mais, on y revient à nouveau, cela doit être associé à une alimentation équilibrée, et sans tabac. En fait, courir implique une meilleure hygiène de vie qui peut écarter certains cancers, comme celui du côlon, le transit intestinal étant favorisé, et même celui du sein chez la femme selon des études américaines. Courir, faire du sport, pourrait aussi augmenter nos chances de guérison en cas de cancer…

Une vie plus longue

Logique là encore : on est moins stressé, on mange mieux, on dort mieux, on n'est pas en surpoids, donc on devrait vivre plus longtemps. Sans compter que la science s'en mêle, car selon Michel Cymes, médecin et animateur du *Magazine de la santé* sur France 5, déclarait dans une interview au magazine *Running Attitude* que, selon une étude faite au Danemark avec des coureurs et des marcheurs nordiques pratiquant raisonnablement 1 à 2 heures par semaine, c'était 6 ans de plus dans notre vie ! L'étude ne dit certes pas si lorsque l'on court le marathon ou des 100 km, on a aussi des chances de vivre plus longtemps, mais bon…

NOTRE TÉMOIN

Jean-René : son AVC l'a motivé !

Jean-René Labadille, qui organise un 10 km et un semi-marathon à La Grande-Paroisse, commune de Seine-et-Marne, est aussi un coureur à pied et pas n'importe lequel puisqu'il a couru l'an passé un 100 km et à l'automne le célèbre Marathon de New York. Et pourtant, il fut d'abord victime d'un accident du travail : le port d'une charge lourde avait entraîné une hernie discale, le laissant handicapé durant plusieurs mois. Puis en 2006, ce fut un AVC (accident vasculaire cérébral) : « Il n'était pas question de m'arrêter de courir, dit-il, je n'allais pas m'enfermer chez moi après le travail ; cet AVC m'a au contraire motivé et m'a fait prendre une bonne décision : l'arrêt complet du tabac. » Son cardiologue ne l'a pas découragé, lui conseillant toutefois d'éviter les excès, conseil qu'il ne suit pas trop en accumulant les kilomètres. « Mais dans ma tête, tout va bien, dans mon corps aussi, mon meilleur remède contre la maladie, c'est bien la course à pied. » S'il le dit.

Courir, c'est bon pour perdre quelques kilos

Avant de commencer à courir en alternant course lente et marche (on verra plus loin nos plans pour débutants), peut-être avez-vous quelques kilos à perdre. Avant de courir, il faudra commencer par rééquilibrer votre alimentation et poursuivre ce rééquilibre alimentaire lorsque vous pourrez courir plus facilement. Une alimentation saine et 3 fois 40 minutes de course par semaine, c'est idéal pour perdre du poids ou garder son poids de forme.

Que vous soyez débutant ou non, perdre quelques kilos n'est pas si difficile que cela, encore plus si l'on associe régime et course à pied. L'idéal est sans doute de consulter un diététicien qui vous proposera les bons régimes pour maigrir. Il est possible aussi de faire plus simple et durant 1 mois – ce n'est pas long – de pratiquer une diététique légère en adoptant les bons nutriments.

Des sucres mais de qualité

Vous pouvez manger de tout, mais sans trop remplir votre assiette et en commençant par sélectionner les sucres. Vous consommerez uniquement ceux présents dans les fruits, légumes, céréales, féculents et éviterez ceux de l'industrie : confiseries, viennoiseries, sucreries, sodas, glaces, etc. Ces sucres sont dépourvus de vitamines, de sels, d'oligoéléments. Le matin, vous ferez un petit déjeuner copieux, mais en limitant le sucre dans votre thé ou café et en choisissant bien vos céréales qui accompagneront votre yaourt ou fromage blanc 0 %, de préférence. Non pas des céréales hyper-sucrées, mais allégées en sucre et riches en blé complet, type Weetabix, All Bran ou Jordans. La publicité pour ces produits est gratuite.

Une alimentation moins grasse

Diététicien des sportifs et des non-sportifs, Damien Galtier prévient qu'« à chaque gramme de graisse consommée, végétale ou animale, c'est 9 calories en plus ». Il importe donc de limiter les viandes grasses (agneau, porc), mais encore les sauces, les biscuits apéritifs ou non, les feuilletés, les fritures, et de ne pas faire d'excès en fromage.

Des protéines pour vos muscles

Perdre de la graisse oui, mais pas du muscle. Médecin du sport et sportif lui-même, Nicolas Bompard met en garde contre les produits miracles qui vont vous faire perdre quelques kilos… de muscle. « Super, j'ai perdu 2-3 kilos… » oui mais de muscle, alors que le muscle est primordial pour consommer de l'énergie au quotidien et bien courir sans fatigue. Si, avant de courir sérieusement, vous allez voir votre médecin, ce que nous vous conseillons vivement, il faudra examiner avec lui votre vrai pourcentage de masse grasse. Un bon taux se situe à 10-12 % pour les hommes et 14 % pour les femmes. Afin, encore une fois, de ne pas perdre du muscle. Mais bien de la graisse !

Pour nourrir son tissu musculaire et lui apporter des protéines, il faut consommer des viandes blanches, du poisson, du jambon dégraissé et découenné.

Féculents et légumes dans la même assiette (photo page précédente)

Des sucres lents (pâtes au blé complet, riz complet, pain normal, ou mieux, complet) et pour tous ces féculents, sauf le pain bien sûr, une cuisson al dente, ferme sous la dent, sous peine de transformer ces sucres lents en sucres rapides ; bref, les sucres lents sont une source d'énergie indispensable pour le coureur à pied, plus encore lorsque vous ferez des compétitions.

Les sucres lents ne doivent pas faire oublier les légumes, avec leurs sucres de bonne qualité et leurs vitamines.

Alors 2 solutions : des féculents au déjeuner et des légumes au dîner ; ou bien, c'est très possible quand on déjeune à la cantine de son entreprise et même au restaurant, demander dans l'assiette, avec la viande ou le poisson, une portion de pâtes ou riz et une autre de légumes, type courgettes par exemple. Un mariage idéal qui durera de longues années !

Exemple de répartition journalière

Petit déjeuner

- Eau puis thé, ou café peu ou pas du tout sucré, sinon avec un peu de miel
- Produit laitier, yaourt 0 %, fromage blanc 0 % si poids à perdre, avec céréales au blé complet et pauvres en graisse, type Weetabix, All Bran, Jordans
- Pain complet de préférence ou normal, beurre, confiture, miel
- Fruit

Collation éventuelle

- Yaourt 0 %, fruit et eau

Déjeuner et dîner

- Crudités (tomates, betteraves, concombres, etc.) avec huile première pression à froid, de colza, ou d'olive
- Viande, poisson ou œufs avec légumes verts et féculents
- Pain complet de préférence ou normal
- Yaourt 0 %, fromage blanc 0 % si poids à perdre, ou petite portion de fromage
- Fruit
- Recommandé : 1 ou 2 verres de vin par jour, pas plus

Courir à jeun pour maigrir plus vite ?

Le coureur à pied dispose de 2 carburants essentiels pour soutenir son effort : les glucides et les lipides. Stockés dans les muscles et le foie sous forme de glycogène, les glucides représentent un super carburant qui vous permettra de courir plus vite et plus longtemps. Leur origine alimentaire se trouve dans les pâtes, le riz, le blé et les pommes de terre.

L'autre carburant essentiel, ce sont les lipides, à savoir les graisses. Or, tôt le matin, après avoir bu un café ou un thé, sans oublier le verre d'eau, votre stock de glycogène sera au plus bas, et si vous allez courir, votre organisme va « taper » dans les graisses. On l'a compris : idéal pour perdre de la graisse.

Mais attention, courir à jeun ne convient pas aux débutants : il faudra attendre un peu, car courir 40 à 50 minutes sans rien dans l'estomac demande de l'expérience, sous peine d'être victime de malaises ou de fatigue. En clair, il ne faut pas courir à jeun dès les premières foulées.

NOTRE TÉMOIN

Gérard : une alimentation rééquilibrée et plus une goutte d'alcool !

Un exemple extrême certes, mais qui montre que tout est possible, et cela sans avoir recours à des régimes très compliqués à suivre. Se faisant 2 « restos » par jour dans le cadre de ses activités de commercial, Gérard Cain était donc monté à 115 kilos ! Prise de conscience : d'abord fitness dans une salle, alimentation révisée mais pas de régime draconien. « J'ai continué à manger ce que j'aimais, mais sans abuser ni des graisses ni des quantités, et surtout plus une goutte d'alcool ! » explique Gérard. Puis, dans la foulée, c'est le cas de le dire, course à pied, alimentation toujours équilibrée, perte de 20 kilos en 2 mois, et puis avec des 10 km, semi, marathons et trails en nature, 56 kilos perdus aujourd'hui. À 57 ans. Comme quoi, si on le veut, tout est possible !

Chapitre 2

Je commence à courir

C'est décidé, je me mets moi aussi à courir. Une activité à la portée de tous et de toutes, facile d'accès, dans un parc, un sous-bois, sur une route de campagne. J'en ai besoin pour me sentir mieux dans mon corps, mieux dans ma tête, pour perdre quelques kilos. Bref, tout le monde peut courir. L'être humain, dans sa conception, n'est-il pas prévu pour courir ? On naît tous avec cette faculté, les enfants ne cessent de courir dans la cour de leur école et même dans la rue lorsqu'ils sortent de celle-ci. Une faculté que notre mode de vie, la voiture d'abord, nous a fait perdre de vue. Pour notre bien-être, on va donc commencer à courir. Mais sans faire d'erreurs, sans aller trop vite dans cette pratique. Sous peine de dire : courir, ce n'est pas pour moi. Si, c'est pour tout le monde et donc pour vous.

Je vais d'abord voir mon médecin

Drôle d'idée de commencer la course à pied dans une salle d'attente et un cabinet médical. Pas obligatoire, mais conseillée néanmoins cette visite, car le médecin vous fera passer les examens classiques : poids, taille, indice de masse grasse s'il dispose d'une pince ou d'une balance spéciale, pression artérielle, écoute du cœur, etc. Puis il vous interrogera sur vos antécédents sportifs, vos motivations, sans oublier vos antécédents familiaux. Il pourra aussi compléter avec le conseil de passer chez le cardiologue pour un électrocardiogramme. Pas démoralisant tout cela, mais pas superflu en tout cas, car vous allez courir pour retrouver la forme et non pour être… victime d'un accident cardiovasculaire. Un examen qui sera de toute façon nécessaire, lorsque, une fois compétiteur, même à un faible niveau, vous devrez aller voir votre médecin pour obtenir le certificat médical de non contre-indication à la course à pied en compétition, qui est obligatoire lorsque l'on s'inscrit à une course. Si nous n'en sommes pas encore là, nous y viendrons…

Je m'équipe bien

En été

Procurez-vous un short ou cuissard et un tee-shirt fait de textile moderne, et non de coton, la transpiration étant mal évacuée avec le coton. Les vêtements adaptés à la course sont disponibles dans tous les magasins de sport, ainsi que la grandes ou petites surfaces. Prévoyez aussi des chaussettes de course à pied – c'est important –, qui ne comportent pas de coutures et éliminent également la transpiration. Pas des chaussettes de ville, même si celles-ci doivent être, pour la marche, de bonne qualité. Ajoutez seulement, si besoin, des lunettes de soleil et une casquette, également en textile moderne, sur la tête.

En hiver

Tout dépend de la température et de votre lieu de vie, le Sud ou le Nord. Mais 3 couches de vêtements peuvent parfois être nécessaires, en plus du collant de qualité – plutôt que le pantalon de survêtement –, qui protégera bien vos jambes.

Soit, pour le haut du corps, un tee-shirt sur la peau, un maillot plus épais au-dessus, les deux en polyester ou polyuréthane, et si besoin une troisième couche type coupe-vent ou imperméable. Le maillot un peu épais en polyester peut toutefois suffire si le froid n'est pas intense, car il faut surtout éviter d'avoir trop chaud après quelques minutes de course, ce qui se produit souvent. Vous serez alors mal à l'aise et votre séance sera gâchée. Mieux vaut ressentir le froid au départ et vous verrez que le réchauffement n'est pas long à arriver.

Toutefois, si vous êtes sensible au vent froid, une veste en Goretex est idéale, tout comme pour courir sous la pluie, que ce matériau absorbe efficacement. Mais il faut garder cette veste très longtemps, car cette matière est… très chère, pas moins de 200 euros, la veste !

Sinon, ne pas négliger le bonnet sur la tête et, surtout, les gants pour les mains, qui supportent très mal le froid.

Pour vous mesdames, été comme hiver, un soutien-gorge adapté à votre pratique et acheté également dans un magasin de sport est vivement conseillé afin de ne pas traumatiser votre poitrine, ce qui peut se produire avec la répétition des chocs.

Kalenji

Des chaussures, oui mais pour la course à pied

Les chaussures sont l'accessoire le plus important à coup sûr. Alors quelles chaussures allez-vous acheter ? Pas forcément chères (à partir de 80 euros), mais obligatoirement de bonne qualité avec des semelles qui amortissent bien les chocs sur le sol. En bref, des vraies chaussures de course à pied qui assurent amorti, stabilité et confort, et non pas des baskets pour la rue.

Spécialistes de la course à pied, les vendeurs des magasins… de course à pied, grandes ou petites surfaces, sauront vous conseiller. Ils vous diront sans doute aussi de ne pas choisir des chaussures trop légères, des 150 grammes réservées aux coureurs très performants, mais bien des chaussures pesant entre 300 et 400 grammes. En surpoids, léger ou plus accentué, il faut éviter les chaussures trop légères, qui maintiendront mal votre corps et votre pied.

Si votre pratique devient régulière, changer de chaussures 1 fois par an est recommandé. Vous pourrez toujours chausser les vieux modèles, soit pour marcher, soit pour des sorties très courtes.

Quel type de pied, quelle foulée ?

Le problème, c'est toutefois de savoir si vous devez acheter des chaussures pour foulée universelle, pronatrice ou supinatrice. De quoi s'agit-il ?

Foulée universelle : l'usure de la chaussure est uniforme ; la moitié des coureurs sont concernés, il faut demander des chaussures pour pieds universels.

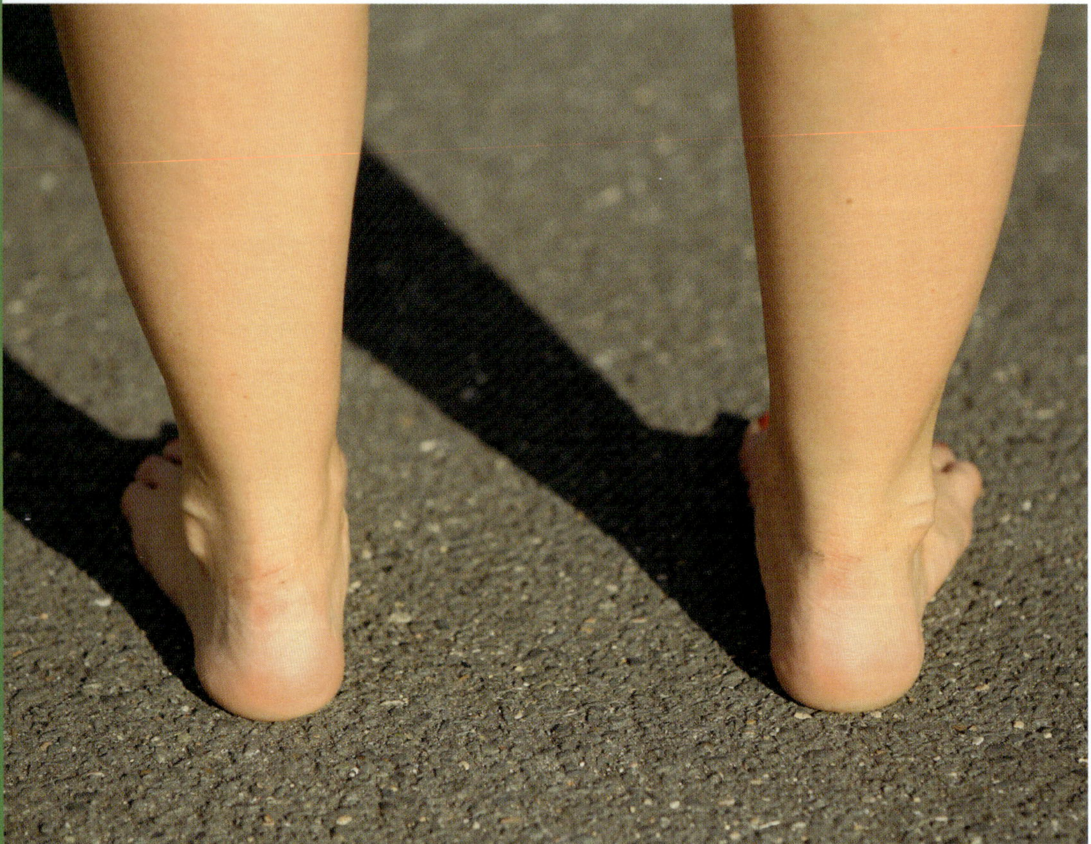

Foulée pronatrice : le coureur use la partie interne de la semelle, car son pied part rapidement vers l'intérieur. Demandez des chaussures pour pronateurs.

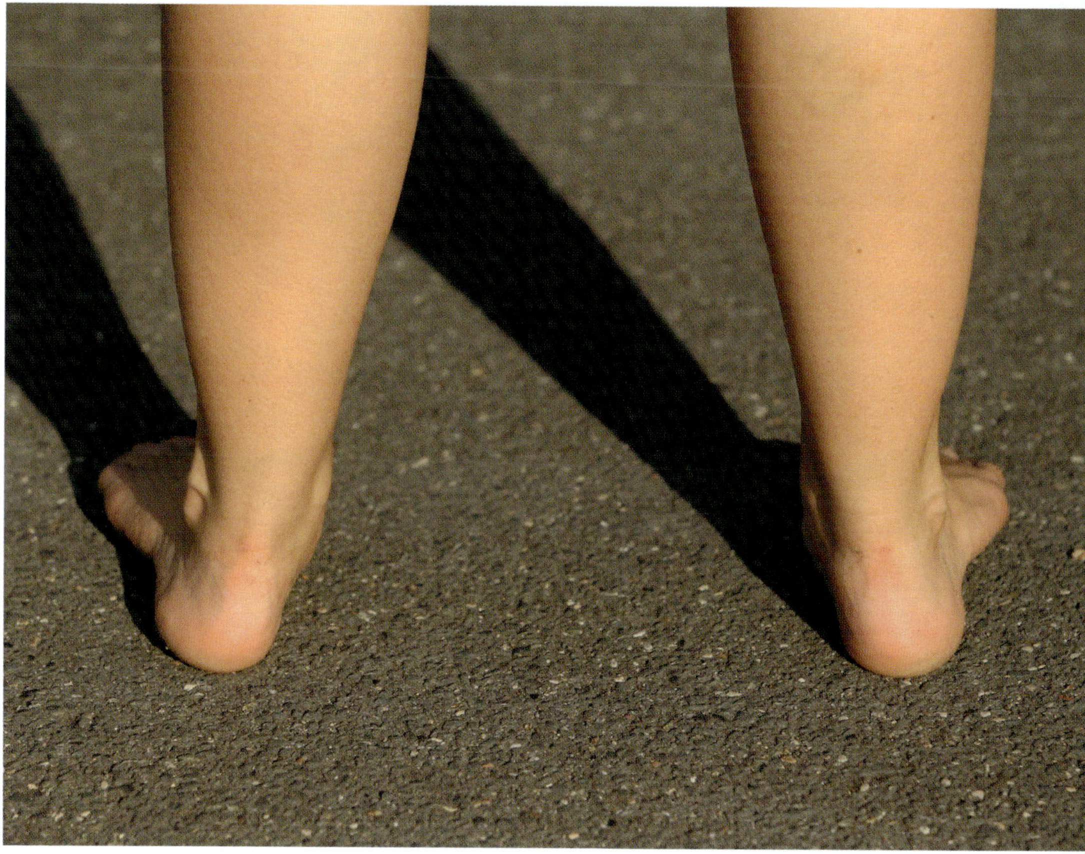

Foulée supinatrice : c'est vers l'extérieur que part votre pied ; environ 5 % seulement des coureurs sont concernés, mais les chaussures pour supinateurs sont aussi disponibles dans les magasins spécialisés.

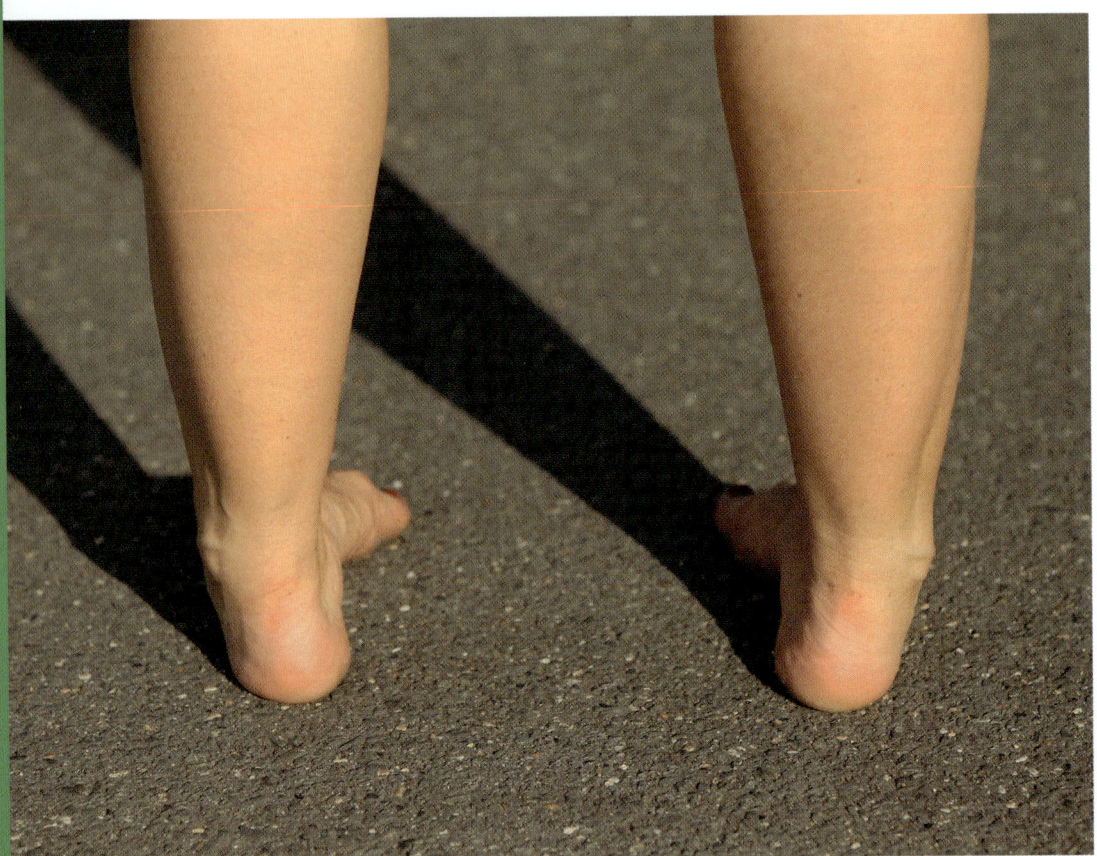

Comment savoir si je suis universel, pronateur, supinateur ?

L'avis du vendeur

Encore une fois les vendeurs des magasins de sport sont des pratiquants qui connaissent bien la course à pied. Ils vous feront trottiner sur un trottoir proche, voire dans le magasin, et vous diront quel modèle choisir en fonction de votre type de foulée.

L'examen conseillé chez le podologue

C'est un expert, nous vous conseillons vivement d'aller le consulter avant de vous mettre à la course à pied. Il pourra vous faire courir sur un tapis et vous dira ce que vous êtes à coup sûr : universel, pronateur ou supinateur. Mais en plus, il examinera attentivement vos pieds sur un podoscope et vous dira si votre pied est normal, creux ou plat. D'où la nécessité peut-être, en cas de pieds creux ou plats, de vous faire confectionner des semelles orthopédiques qui protégeront vos pieds, éloignant la menace de cors, durillons et autres bobos vraiment incompatibles avec la course à pied.

D'abord je marche quotidiennement

Vous êtes donc prêt à dérouler vos premières foulées. Mais avant, nous vous conseillons de commencer vos séances… dans les rues de votre commune, grande ou petite, et dans votre immeuble. En clair, ne prenez pas votre voiture pour faire 500-800 mètres ; sautez un arrêt de votre bus pour aller le prendre un peu plus loin ; évitez de prendre l'ascenseur en rentrant chez vous, sauf si vous habitez au 10e étage de votre immeuble. Mais vous pouvez monter 5 étages à pied et les 5 autres avec l'ascenseur. Beaucoup de coureurs confirmés montent à pied les étages de leur immeuble pour terminer activement leur séance. Vous n'en êtes encore pas là, mais commencez à prendre les bonnes habitudes. En bref, efforcez-vous de marcher le plus possible, à votre rythme, dans votre vie de tous les jours, pour aller au travail, faire vos courses, etc. Une excellente initiation, on vous le dit.

Puis je vais dans un parc, en nature

C'est complémentaire, le week-end ou le soir après le travail, entrez dans un parc ou un espace naturel près de chez vous et marchez à bonne allure durant au moins 30 minutes. Pourquoi pas avec votre chien – si vous en avez un –, qui, un peu plus tard, nous le verrons, pourra devenir votre compagnon de course. Mais pendant 2 ou 3 semaines, avant de démarrer le vrai plan de course et de marche que nous vous proposerons, allez marcher 3 fois par semaine durant 30 minutes, un peu plus si vous le pouvez, avec ou sans votre chien, avec ou sans votre conjoint. C'est une excellente mise en condition avant des séances plus élaborées.

Je n'hésite pas à m'initier aux étirements

Votre premier plan d'entraînement aidant, il n'est pas trop tôt pour vous initier aux étirements. Ceux des triceps (mollets), quadriceps (muscles devant la cuisse, partie antérieure), ischio-jambiers (muscles derrière la cuisse, partie postérieure), et ceux des adducteurs (muscles à l'intérieur des cuisses). Et cela après un léger échauffement. Le but : échauffer vos muscles, renforcer vos qualités de souplesse et éloigner un bobo possible lors de votre séance. Nous vous conseillons de les faire pour prendre très tôt de bonnes habitudes, mais surtout sans forcer, tout en souplesse.

Et les étirements après la séance ? Une polémique existe, certains entraîneurs estimant que s'étirer après avoir beaucoup couru ajoute de la fatigue à vos muscles. C'est pourquoi nous vous conseillons les étirements après votre échauffement, car à l'issue de votre séance, vous aurez surtout envie de récupérer et… de rentrer chez vous pour prendre une bonne douche. Dans nos plans « débutants » qui vont suivre, l'entraîneur auteur de ces plans, Rodolphe Bier, vous propose de les faire à l'issue de votre sortie. Mais comme celle-ci reste à une faible intensité, vous pourrez les faire, sans supplément de fatigue, après. Reste que d'autres entraîneurs, nous y reviendrons plus loin, conseillent même de consacrer dans la semaine une séance complète aux étirements, chez soi par exemple, en dehors de la course proprement dite. Et rien de plus. Nous y reviendrons donc, vous ferez votre choix pour vous étirer, mais pour le moment, étirez-vous tout en douceur après votre alternance de course et marche prévue dans le plan pour débutants. Vous solliciterez des muscles très importants pour votre pratique. Regardez bien nos photos et lisez bien le mode d'emploi de ces étirements, dits actifs, car faits avant de courir vraiment, pour préparer muscles et articulations à l'effort.

L'étirement des mollets (le triceps sural)

En fente avant, vous pouvez aussi, bras tendus, prendre appui sur un mur ou un arbre, puis fléchir le genou avant jusqu'à ce que le talon arrière décolle du sol. Vous poussez sur l'avant-pied en gardant le talon à quelques centimètres du sol, tout en fléchissant un peu plus le genou avant. Vous tenez la position 8 à 10 secondes et changez de côté.

Ensuite, sautillez pieds joints 10 secondes.

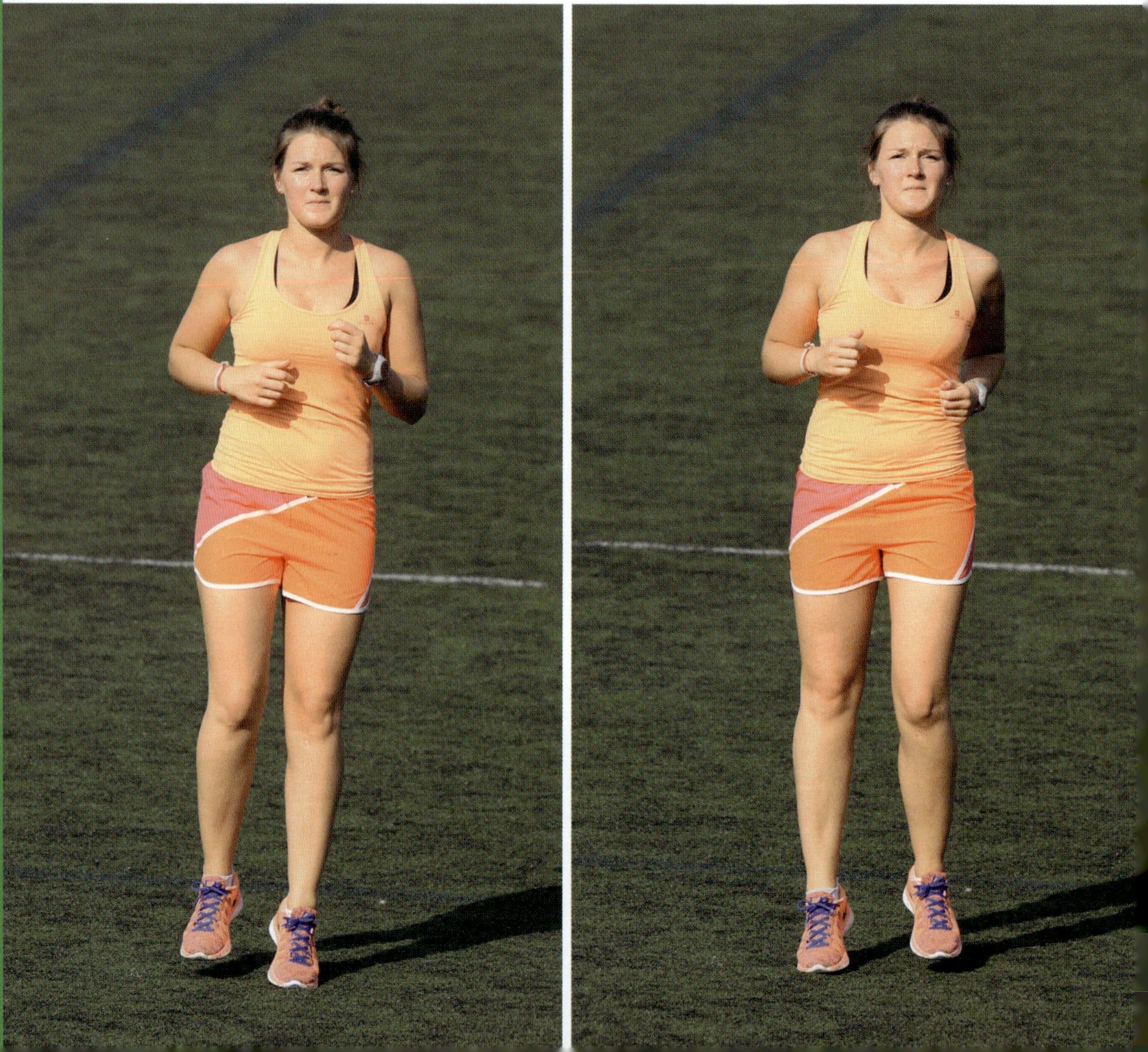

L'étirement des ischio-jambiers (muscles derrière la cuisse)

Les mains sur les hanches, le genou arrière plié, la pointe du pied remontée, vous enfoncez le talon dans le sol, bitume, ou plus confortable dans un court gazon, et descendez le buste vers le sol. Vous tenez la position 8-10 secondes et changez de côté.

Ensuite sautillez pieds joints 10 secondes, ou bien tout en douceur, surtout sans forcer, faites quelques talons-fesses rapides.

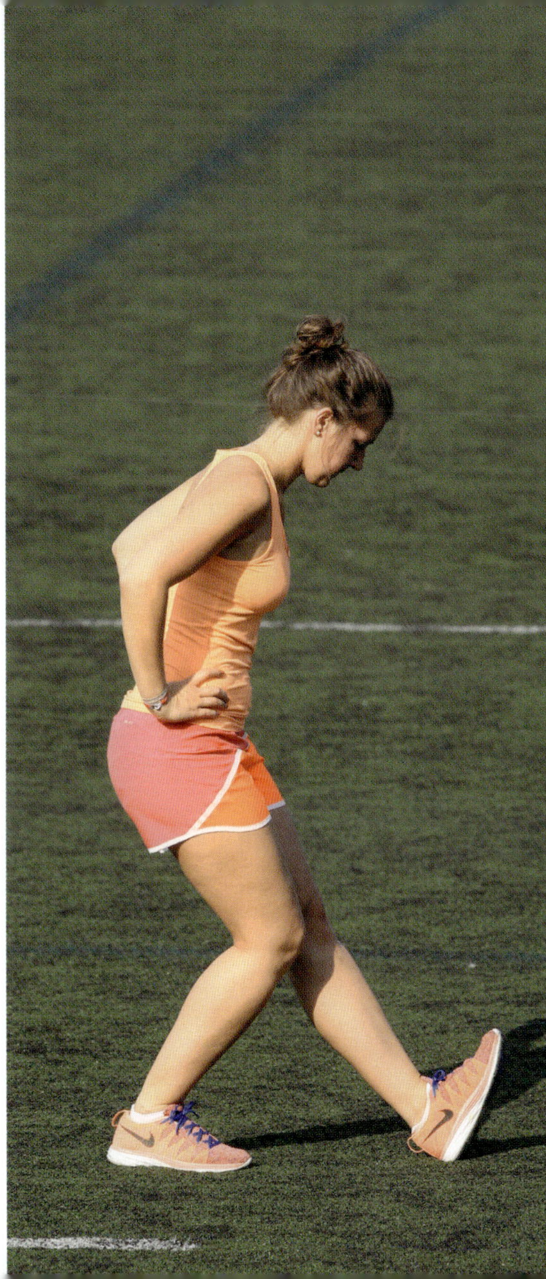

L'étirement de vos quadriceps (muscles devant la cuisse)

En appui possible la main sur un mur ou une barrière, vous poussez avec le pied sur la main qui… résiste. Le genou cherche à s'étendre comme pour shooter dans un ballon. Ne ramenez pas le pied vers la fesse comme beaucoup font. Vous tenez la position 8-10 secondes puis changez de jambe.

Toujours en souplesse, faites quelques montées de genoux durant 10 secondes environ.

L'étirement des adducteurs (muscles entre les cuisses)

Les pieds très écartés, les coudes à l'intérieur des genoux, vous ramenez ces derniers vers l'intérieur en poussant contre les coudes. Descendez le buste vers l'avant, relevez les fesses et tenez la position, 8-10 secondes. Puis écartez et ramenez rapidement les pieds durant 8 à 10 secondes.

Ne faites surtout pas comme Abebe Bikila !

Champion olympique du marathon, pieds nus, à Rome en 1960, le champion éthiopien Abebe Bikila doubla la mise 4 ans plus tard à Tokyo, mais cette fois chaussé par l'équipementier local Asics, qui aujourd'hui chausse peut-être vos pieds. Toujours est-il que Bikila domina outrageusement ce marathon olympique, arrivant avec 4 minutes d'avance sur ses poursuivants. Et que pensez-vous que fit l'Éthiopien après son arrivée dans le stade de Tokyo ? Eh bien, devant 80 000 spectateurs médusés, il se livra à une folle séance d'étirements et d'assouplissements, qui suivit son marathon couru en 2 heures, 12 minutes et quelques secondes. Une scène à ne surtout pas reproduire, d'autant plus que vous débutez la course, mais une scène qui est restée dans les annales des Jeux olympiques, comme sa victoire pieds nus à Rome 4 ans plus tôt. Tragique destin pour cet athlète surdoué qui, au volant de sa voiture offerte par son gouvernement pour le récompenser de ces 2 titres, dérapa dans un virage un jour de 1969 et resta paralysé 4 ans avant de mourir en 1973.

Mon premier plan en 8 semaines

Nos 3 conseils avant de commencer le plan

- **Très important** : dans nos plans nous vous disons de courir à 65, 70, 75 voire 80 % de votre fréquence cardiaque maximale (FCM). La FCM, c'est le nombre de battements de votre cœur par minute. Mais comment connaître cette FCM quand on débute ? Une méthode simple : 220 – votre âge, si vous êtes un homme, et 226 – votre âge, si vous êtes une femme. Par exemple, je suis un homme, j'ai 40 ans, ma FCM estimée est donc de 180. Nous reviendrons longuement sur ce sujet dans notre prochain chapitre.
- Soyez progressif, ne cherchez surtout pas à allonger le temps de course lors de chaque sortie, mais alternez, comme indiqué, course et marche, pour un début en douceur. Et si vous ne respectez pas tout à fait vos pourcentages indiqués de FCM, ce n'est pas grave, mais ne forcez pas pour y arriver.
- Oubliez toutes références même si vous avez fait du sport auparavant, car vos muscles, mais aussi votre système cardiovasculaire, ont besoin d'un temps de réadaptation.

Votre plan

Rappel

Endurance – nous utiliserons souvent ce terme dans nos plans – se dit d'un effort, nous l'avons vu plus haut, de 65 à 75 %, voire 80 % de votre fréquence cardiaque maximale (FCM). L'intensité est affichée sur votre cardiofréquencemètre, appareil que nous vous conseillons de porter et qui fait aussi montre et chronomètre.

L'endurance, c'est plus simplement un footing dont l'intensité ne produit pas un essoufflement marqué : vous pouvez parler sans problème durant votre course. Vous pouvez donc courir à la sensation, sans essoufflement notoire, lors de certaines séances de ce plan, si vous n'avez pas encore de cardiofréquencemètre.

1re semaine

Mardi :

Alterner, pendant 15 minutes, 40 secondes de course lente et 20 secondes de marche rapide (la course ne doit pas provoquer d'essoufflement prononcé). Étirez-vous en douceur, mais relisez bien nos conseils sur ce sujet.

Jeudi (optionnel, selon vos sensations) :

Marche rapide durant 20 minutes, rythme produisant un léger essoufflement.

Dimanche :

Alterner, durant 20 minutes, 40 secondes de course lente et 15 secondes de marche rapide. Étirez-vous en douceur.

2e semaine

Mardi :

Alterner, pendant 25 minutes, 40 secondes de course lente et 15 secondes de marche rapide (la course ne doit pas provoquer d'essoufflement prononcé). Étirez-vous.

Jeudi (optionnel) :

Marche rapide pendant 20 à 30 minutes avec léger essoufflement ressenti.

Dimanche :

Alterner, pendant 25 minutes, 50 secondes de course lente et 10 secondes de marche rapide. Étirez-vous.

3e semaine

Mardi :

10 minutes de footing en endurance (de 65 à 70 % de votre FCM, consultez votre cardiofréquencemètre), puis 2 minutes de pause avec quelques étirements, suivies à nouveau de 10 minutes en endurance.

Jeudi :

20 minutes en alternant 50 secondes de course lente et 10 secondes de marche rapide.

Dimanche :

Alterner pendant 30 minutes 50 secondes de course lente et 10 secondes de marche rapide.

4e semaine

Mardi :

12 minutes de footing en endurance (de 65 à 70 % de votre FCM), puis 1 minute de marche, puis à nouveau 12 minutes de footing en endurance. Étirez-vous en douceur.

Jeudi (optionnel) :

30 minutes en alternant 50 secondes de course lente et 10 secondes de marche rapide.

Dimanche :

25 minutes de course en endurance (de 65 à 75 % de votre FCM, consultez votre cardiofréquencemètre).

5e semaine

Mardi :

15 minutes de footing en endurance (de 65 à 70 % de votre FCM), puis 2 minutes de marche, puis à nouveau 15 minutes de footing en endurance. Étirez-vous.

Jeudi (optionnel) :

Repos ou balade tranquille.

Dimanche :

30 minutes de course en endurance (de 65 à 75 % FCM). Puis étirez-vous.

6e semaine

Mardi :

3 fois 12 minutes de footing en endurance (de 65 à 70 % FCM), avec 1 minute de marche entre chaque footing de 12 minutes. Puis étirez-vous.

Jeudi (optionnel) :

20 minutes de footing en endurance (de 65 à 70 % FCM).

Dimanche :

35 minutes de course en endurance (de 65 à 75 % FCM).

7e semaine

Mardi :

20 minutes de footing en endurance (de 65 à 70 % FCM), suivies d'1 minute de marche rapide, puis à nouveau 25 minutes de course en endurance.

Jeudi (optionnel) :

20 à 25 minutes de footing en endurance (de 65 à 70 % FCM).

Dimanche :

40 minutes de course en endurance (de 65 à 75 % FCM). Puis étirez-vous.

8e semaine

Mardi :

30 minutes de footing en endurance (de 65 à 75 % FCM).

Jeudi (optionnel) :

20 à 25 minutes de footing en endurance (de 65 à 75 % FCM).

Dimanche :

45 minutes de course en endurance (de 65 à 80 % FCM). Puis étirez-vous.

Nos 3 conseils pour passer à la vitesse supérieure

- Ménagez-vous une semaine dite de récupération toutes les 4 semaines. En clair, programmez 3 jours consécutifs sans course toutes les 4 semaines. De bonnes habitudes à prendre à ce niveau de débutants.
- Commencez à varier les situations de course à l'entraînement en incluant 1 fois par semaine une série de 6 à 8 accélérations progressives de 20 secondes – surtout pas du sprint à fond –, puis en récupérant à allure lente. Mais aussi en diversifiant les types de parcours : route, chemins, y compris un peu vallonnés. C'est en s'adaptant que votre organisme progressera.
- Pour renforcer votre motivation, fixez-vous un premier défi : participer à une première course (voir notre prochain plan pour un 5 km). Ou plus simplement faites un parcours régulier en intégralité : revenir du travail en courant, ça se fait de plus en plus ; faire une petite montée de côte un peu longue, si possible en courant…

Ce que j'ai ressenti avec ce premier plan

Les +

- Perte de poids plus rapide qu'en marchant.
- Sensations de bien-être.
- Donne du punch pour le travail.

Les – à améliorer

- Trouver du temps pour progresser.
- Courir plus souvent, mais s'il pleut ou fait froid ?
- Pouvoir courir plus longtemps… sans marcher.

Nos réponses

- Du temps pour progresser en courant matin, midi ou soir selon les horaires professionnels, c'est toujours possible.
- Il pleut, il vente, il fait froid, mais bien habillé avec tenue adéquate en textile moderne – pas de coton, nous l'avons dit –, c'est aussi toujours possible. Il faut oser se lancer, on s'habitue !
- Sans marcher, c'est le but, mais même à un plus haut niveau, on peut toujours marcher pour décompresser, et surtout sans culpabiliser. La marche fait partie de la course !

NOTRE TÉMOIN

Clotilde : course , marche et… aquaboxing

Âgée de 28 ans, Clotilde Richard a commencé à courir il y a 2 ans. À marcher plutôt : « Mes premières séances, c'était environ 45 minutes de marche rapide. Puis je suis passée à la course avec 15 minutes de marche pour bien m'échauffer puis 30 minutes de course lente. Aujourd'hui, je complète cette séance avec une autre faite en piscine, c'est de l'aquaboxing. Excellent pour la dépense énergétique avec, bien sûr, moins d'impacts au sol que lors de la course. »

Vos sensations

Chapitre 3

Je veux progresser

D'abord connaître ma fréquence cardiaque maximale

C'est en effet cette fréquence cardiaque maximale (FCM), soit le nombre de battements de votre cœur par minute, qui va rythmer toutes vos séances, vous permettant de courir selon votre potentiel cardiaque, ni trop vite ni trop lentement, afin de progresser, d'être de plus en plus à l'aise en courant. Un moyen simple de connaître cette FCM, nous l'avons vu plus haut, est la méthode créée, il y a bien longtemps, par un physiologiste suédois du nom de Pier-Olof Astrand, soit 220 pour les hommes ou 226 pour les femmes moins votre âge.

En clair, sans vous perdre dans les détails : vous avez 45 ans, donc 220 – 45 = 175 pulsations. À partir de là, vous déclinez vos allures. Par exemple en endurance, vous devez courir à 70 % de votre FCM. Donc 175 × 70 / 100 = 122 battements par minute. Votre cardiofréquencemètre attaché à votre poignet avec un émetteur à votre poitrine vous dira si vous êtes oui ou non à votre bonne fréquence, soit à 120-122 battements par minute. Ce n'est pas à un battement près. Un peu compliqué tout cela ? Nous allons y revenir en détail.

Me procurer un cardiofréquencemètre ou un GPS

Aujourd'hui existent des appareils très sophistiqués, les GPS (*Global Positioning System*), qui vous localisent grâce aux signaux satellite et vont vous donner, non seulement votre fréquence cardiaque, mais encore votre vitesse de course, votre distance parcourue, votre temps de course, le tracé de vos parcours et même l'altitude à laquelle vous courez, sans oublier le transfert possible de vos données sur un PC avec le logiciel adapté. C'est ce qu'explique en substance Umberto Kpakpo, directeur du *Lepape store* de Paris, magasin spécialisé en course à pied.

Alors que les maillots connectés font leur apparition avec des capteurs intégrés au textile, restons sur les GPS portés par de nombreux coureurs, mais assez chers (90 euros minimum) et un peu plus difficiles à maitriser, même s'il n'est pas nécessaire de sortir d'une école d'ingénieurs pour en porter un et l'utiliser. Votre smartphone peut aussi être équipé d'un GPS. Le vendeur vous expliquera de toute façon le fonctionnement de ces appareils. À un stade beaucoup plus avancé, notamment avec des séances très rapides, dites VMA (vitesse maximale aérobie), le GPS sera utile, nous y reviendrons. « Mais, résume Umberto Kpakpo, existent en fait 3 gammes d'appareils : pour le loisir, pour l'entraînement et pour la performance. »

Pour vous, qui, pour le moment, êtes plutôt débutant, le cardiofréquencemètre peut donc suffire. Il peut même suffire tout au long de votre « carrière » de coureur, même si le GPS a beaucoup d'adeptes aujourd'hui. Le cardiofréquencemètre est un émetteur électronique qui se fixe sur la poitrine, détecte les impulsions du cœur et envoie ces informations à un récepteur qui ressemble à une montre et qui est attaché à votre poignet. Cet appareil vous permettra, avec un simple coup d'œil vers le récepteur, de contrôler la fréquence cardiaque à laquelle vous courez. Il mesurera aussi votre temps de course et sera porteur d'un chronomètre pour, un peu plus tard, calibrer les séances plus rapides. Disponible à partir de 20 à 30 euros seulement, le « cardio » peut donc vous suffire, car fréquence cardiaque, heure et chronomètre, c'est assez pour votre bonheur de coureur. Maintenant surtout.

Je passe un test d'effort sous contrôle médical

220 – votre âge, c'est bien, cela suffit pour connaître votre fréquence cardiaque maximale de démarrage. Mais c'est très imprécis, et insuffisant pour progresser sans faire d'erreurs. Alors que faire ? Un test d'effort dans un centre spécialisé et sous le contrôle d'un médecin du sport, votre médecin généraliste pouvant vous prescrire ce test, d'autant plus si vous avez 50 ans, voire davantage. De quoi s'agit-il ? D'une course faite sur un tapis roulant et surveillée par le médecin. Course interrompue toutes les 3 minutes par ce dernier, qui va faire des prélèvements sanguins au lobe de votre oreille – c'est indolore ! – et mesurer votre taux d'acide lactique dans le sang, taux qui va déterminer vos seuils. En bref, à l'issue de votre effort vous connaîtrez :

- **L'indispensable fréquence cardiaque maximale (FCM).** Pour le coureur peu expérimenté que vous êtes encore et qui veut progresser, la connaissance de votre fréquence cardiaque maximale est nécessaire pour le bon calcul de vos allures. Vous connaîtrez ainsi votre vraie FCM, qui sera sans doute différente de celle calculée avec la formule 220 ou 226 pour les femmes – votre âge.
- **En plus vous connaîtrez ce que l'on appelle scientifiquement votre seuil dit aérobie** (2 mmol d'acide lactique dans votre sang) avec la fréquence cardiaque correspondante. C'est tout simplement l'endurance, soit une allure capitale pour votre progression, car la plus utilisée.
- **Vous connaîtrez aussi la bonne fréquence de votre seuil dit anaérobie** (4 mmol d'acide lactique dans votre sang), plus simplement appelée endurance active ou encore résistance douce, soit une allure à la limite de l'essoufflement. Mais à la limite seulement, allure aussi très importante pour progresser.

Enfin à l'issue du test, lorsque vous ne pourrez plus courir, épuisé, en plus de votre FCM, vous connaîtrez 2 notions dont vous n'avez pas besoin pour le moment :

- **votre $V0_2$,** qui est votre cylindrée, votre capacité maximale d'absorption de l'oxygène ;
- elle est liée à **votre VMA (vitesse maximale aérobie),** laquelle sera déterminée aussi. Il s'agit de la vitesse maximale que pouvez tenir avec le plein d'oxygène. En général on peut la tenir de 4 à 6 minutes, mais avec de la pratique.

Mais encore une fois, le plus important pour vous à ce stade, c'est la connaissance de votre FCM pour bien déterminer vos allures et aussi la connaissance de 2 allures décisives : le seuil aérobie, soit l'endurance de base, et le seuil anaérobie ou endurance active, qui est une allure un peu plus élevée.

Concrètement : vous avez une FCM de 180 pulsations par minute. Pour courir en endurance, vous ne devez pas dépasser 80 % de cette FCM, autrement dit pour vous : ne pas dépasser 144-145 pulsations, chiffre qui apparaîtra sur le récepteur attaché à votre poignet. Idem pour toutes les allures que vous devrez respecter.

À noter qu'outre vos fréquences cardiaques ce test sera l'occasion, pour le médecin qui vous le fait passer, de vous examiner de la tête aux pieds afin de détecter d'éventuels problèmes, de voir, par exemple, si, pour vos pieds, vous avez besoin de semelles orthopédiques faites par le podologue pour corriger des déséquilibres. Un test très précis, très important au niveau cardiaque et très complet.

Je maîtrise mes 2 allures essentielles pour progresser

D'abord l'endurance fondamentale (60 à 80 % de ma FCM)

Cette allure, appelée seuil aérobie lors du test d'effort, c'est la base, les fondations de votre préparation et de votre progression. Elle devra représenter les trois quarts de la durée hebdomadaire de votre programme d'entraînement. Au début de votre séance vous allez courir à environ 60-65 % de votre fréquence cardiaque maximale, vous vous échauffez, puis cette fréquence va augmenter vite jusqu'à atteindre 75 voire 80 %. Mais vous serez toujours à l'aise. Existe-t-il une fréquence idéale, recommandée, pour bien courir en endurance ? Des entraîneurs estiment qu'il faut courir entre 65 et 75 % de sa FCM de préférence. Pourquoi pas ? Alors même que certains coureurs disent, en consultant la fréquence affichée sur leur cardiofréquencemètre, qu'à cette allure ils se traînent, n'avancent pas. Erreur, car c'est tout simplement leur niveau du moment qui s'affiche. Et plus on va courir à cette allure, à cette fréquence cardiaque, plus on va élever sa vitesse, plus on va être à l'aise sans pour autant augmenter sa fréquence cardiaque et passer à un stade supérieur.

Ensuite le seuil dit anaérobie ou endurance active (80 à 90 % de ma FCM)

Lors du test d'effort il est mesuré à 4 mmol d'acide lactique dans votre sang et à une fréquence cardiaque correspondante. Plus simplement ce seuil dit anaérobie, qui est aussi appelé endurance active ou encore résistance douce, est une allure qui se situe à la limite de l'essoufflement, à la limite du basculement qui vous empêchera de bien respirer, de bien parler à votre compagnon de course. Mais c'est une allure capitale pour progresser, la plus importante même après l'endurance, qui est la base. Pourquoi ? Parce que vous allez courir à la limite de l'essoufflement, donc l'allure que l'on souhaite tenir le plus longtemps possible afin de courir plus vite, plus longtemps. Les champions courent tout leur semi-marathon (21,100 km) à cette allure limite. Or, plus on pourra tenir longtemps cette allure, plus on sera performant ! Mais nous n'en sommes pas encore là.

Comment choisir mes terrains, mes parcours

Sur sols souples *(voir photo page suivante)*

Les avantages d'un sol souple

L'avantage du jogging, c'est bien que l'on peut courir partout, où on veut sans trop se poser de questions. Reste que l'on conseille souvent au coureur de dérouler sa foulée sur un sol souple, sur un sentier de parc ou de forêt, car c'est moins traumatisant. Moins traumatisant pour les muscles, les tendons, les articulations, les cartilages des membres inférieurs et les disques intervertébraux, car on amortit mieux les impacts sur le sol souple, c'est évident. En résumé, l'adaptation musculo-tendineuse est plus facile sur un sol souple.

En outre courir en forêt, souvent avec un groupe d'amis, c'est plus ludique, plus gai, plus « écolo », plus coloré que sur route, l'environnement naturel de ce terrain de course étant un vrai stimulant. Enfin on a aussi démontré que courir sur un terrain vraiment très, très herbeux favorisait le renforcement musculaire de vos jambes, qui sont effectivement alors soumises à un effort plus important. On conseille aux coureurs plus expérimentés de faire, par exemple, des séries fractionnées de 30 secondes rapides suivies de 30 secondes lentes sur herbe haute pour muscler les jambes. Mais bien sûr, pas de course longue sur ce genre de terrain.

Les inconvénients d'un sol souple

Eh non, il n'y a pas que des avantages à courir en nature. Si, globalement, le travail tendineux est en effet moins pénible en nature, c'est toutefois moins vrai au niveau des tendons des muscles des pieds et de ceux des chevilles, explique en substance le docteur Jean-Frédéric Donati, médecin du sport à Paris et marathonien très confirmé. En effet pieds et chevilles doivent en permanence s'adapter à l'inégalité et à l'instabilité du sol. Au niveau du tendon d'Achille le travail est accru si la vitesse est soutenue, car la restitution énergétique des impacts est bien sûr moindre sur sol souple que sur un sol dur. En outre, autre inconvénient des sols souples : la pluie peut les rendre boueux, glissants, ce qui altère bien sûr la qualité technique de votre effort, la dépense d'énergie devenant alors très importante.

Sur sols durs

Les avantages d'un sol dur

Lors de vos premières foulées, courir sur un sol souple est, on l'a dit, plus intéressant, moins traumatisant au niveau des muscles, des articulations que courir sur une surface dure. En revanche dès que vous allez essayer d'aller un peu plus vite, courir sur sol dur sera plus efficace. En effet, c'est logique, sur un sol dur, votre dépense énergétique pour une même vitesse sera moindre. Car on court plus vite, plus facilement, sur cette surface ; en clair, on s'écrase moins, on est moins scotché au sol, on est mieux propulsé en quelque sorte. Notre foulée est tout simplement plus tonique et le déroulé de notre pied est au mieux.

Vous n'en êtes pas encore là, c'est sûr, mais beaucoup de champions, voire des coureurs de bon niveau tout simplement, font leurs séances très rapides sur sol dur, car l'uniformité du terrain favorise ce travail de vitesse. Reste que le plus important, afin d'éviter les traumatismes qui peuvent être créés par les chocs, est tout simplement de porter des bonnes chaussures, très amortissantes, très stables. Cela réduit beaucoup les risques du sol dur. Allez-y en confiance, bien chaussé, sans vous poser trop de questions. Sans culpabiliser et sans oublier que la stabilité du sol réduit aussi les risques d'entorse ou de chute.

Les inconvénients d'un sol dur

Effet traumatisant des impacts au niveau des muscles, des articulations, des structures tendineuses. Idem au niveau des fibres musculaires et des tendons de la musculature des membres inférieurs, explique à nouveau le docteur Jean-Frédéric Donati, médecin du sport à Paris. Très concrètement, ces impacts peuvent en conséquence être à l'origine de contractures, de tendinites et de périostites (tibia douloureux). En outre si vous êtes un peu en surpoids, si vous pesez plus de 80 kilos, mieux vaut alors ne pas abuser de cette surface. En outre, plus banal, pas du tout médical, mais bien réel : le risque représenté par la circulation automobile, même si l'on évite de courir sur une grande nationale, sans parler d'emprunter une… autoroute. Mais souvent, c'est sur les petites routes que les automobilistes stimulés par l'absence d'autres véhicules vont le plus vite. La voie est libre, on accélère…

Sur la piste d'un stade

Sur la piste de 400 mètres des stades, on voit régulièrement des coureurs qui ne vont pas très vite ou même des marcheurs et marcheuses qui se défoulent en faisant des tours de piste. Pourquoi pas si le stade est près de chez vous, mais cette piste sera surtout utilisée pour des séances rapides dites de fractionné : 3 ou 4 fois 200 mètres ou 400 mètres, etc.

Nous n'en sommes pas encore là, mais l'endroit est très pratique pour calibrer vos séances, la piste faisant le plus souvent 400 mètres. Du moins le premier couloir à la corde ; les autres couloirs sont en effet un peu plus longs, décalage oblige. En outre le revêtement autrefois fait de cendrée est maintenant à base de Tartan ou de Mondo, 2 matériaux très souples, agréables à fouler et sur lesquels on amortit bien les chocs.

Alors où courir ?

Mieux vaut, au départ, courir sur des chemins, des sentiers peu accidentés, roulants dirons-nous, surtout pas caillouteux : c'est excellent pour courir à l'aise, à son rythme, sans contraintes excessives. Mais lorsque l'on abordera des courses avec dossard, il faudra aussi courir sur la route, y faire au moins un tiers de son entraînement. Et plus encore lorsque l'on préparera son premier marathon ! Pourquoi ? Parce que ces compétitions ont lieu sur… la route. Et qu'il faut habituer muscles, articulations et foulée à cette surface. Qui, on l'a vu, vous permet de courir plus vite, plus facilement ! En fait vous allez sur bitume mémoriser votre foulée du jour de la compétition ! Sinon, pas de miracle, vous aurez plus de mal à finir votre course, du 10 km au marathon, si votre foulée n'est pas habituée à la route, au bitume.

Je varie mes parcours

Là encore, l'avantage de la course à pied, comme pour le choix des terrains, c'est d'aller où on veut. Cela étant, faire toujours le même parcours n'est pas conseillé.
La première raison est simple : vous finirez par vous ennuyer et ressentir votre séance comme une obligation ou une routine. Encore plus lorsque l'on prépare des courses longues, ce qui vous arrivera un jour. Vous pouvez, dans votre commune ou votre quartier, essayer de mettre au point au moins 3 itinéraires différents. Si vous courez dans un parc, même s'il n'est pas très grand, il est simple de ne pas partir et arriver à chaque fois au même endroit, d'emprunter une petite côte, un escalier, de ne pas prendre la même allée. En outre, cela fera travailler différemment vos muscles. Pour les séances faites en forêt, pas difficile non plus de varier ces itinéraires, à l'improviste même, au cours de votre séance. Bref, il ne faut pas avoir l'impression au cours des semaines de voir les mêmes maisons, les mêmes arbres ou le même promeneur à vélo.

L'autre raison, même s'il ne s'agit pas de dramatiser, c'est pour vous, mesdames, de courir en toute sécurité. En effet, si vous prenez tous les jours, à la même heure, le même chemin, quelqu'un pourrait vous repérer et avoir de mauvaises intentions à votre égard. L'agression de joggeuses isolées est malheureusement encore trop fréquente. Ne courez pas seule, ou n'empruntez pas toujours le même parcours.

Je m'échauffe et m'étire

S'étirer avant la course

Nous avons déjà examiné au chapitre 2 d'initiation à la course, photos à l'appui, les étirements qu'il fallait plutôt faire sur les muscles les plus sollicités par la course à pied : quadriceps (muscles devant la cuisse), ischio-jambiers (derrière la cuisse), triceps (mollet), voire adducteurs (muscles à l'intérieur des cuisses). Après 10 minutes de course à faible allure, vous vous échauffez, puis faites les étirements conseillés (au moins les 3 premiers). Mais toujours en douceur, sans forcer, sans tirer très fort sur vos muscles ! Ce que l'on voit parfois en nature ou sur un stade.

Moins s'étirer après la course

Les étirements dits passifs font débat, nous l'avons dit plus haut. Faut-il vraiment s'étirer après avoir couru et solliciter à nouveau des muscles forcément fatigués ? Sans compter que vous aspirez peut-être à rentrer chez vous pour prendre un bain chaud, qui est le meilleur moyen pour bien récupérer. Donc après avoir couru, vous pouvez vous étirer si vous le souhaitez bien sûr, si vous êtes accompagné par d'autres coureurs qui le font, mais mieux vaut marcher lentement, bras levés et mains croisées au-dessus de votre tête avant d'aller prendre… votre bain. Et vous étirer chez vous, 1 fois dans la semaine, autre technique possible et préférable que nous allons voir.

À la maison plutôt

Créateur et vainqueur d'une course célèbre qui s'appelle les 100 km de Millau, en Aveyron – vous n'en êtes pas encore là –, Serge Cottereau, qui organisa longtemps des stages de course à pied tous niveaux avant de prendre sa retraite cette année est, lui, favorable aux étirements en cours de semaine, chez soi, lorsque vous n'avez pas prévu d'aller courir. Ainsi, vous rentrez du travail, vous avez un peu marché, vous êtes donc correctement échauffé et pouvez consacrer 20 à 30 minutes à faire, tranquillement, ces étirements, plutôt qu'avant votre séance. Un bon moment de relaxation avant de dîner. Ce qui ne vous empêchera pas de vous échauffer en courant à allure très modérée lorsque vous ferez votre séance.

Et si je faisais un seul étirement...

En effet, selon Serge Cottereau, entraîneur aveyronnais très expérimenté et ancien athlète de haut niveau, si vous ne deviez faire qu'un seul étirement, chez vous, régulièrement, ou en nature, c'est celui des lombaires. Allongé sur le sol ou sur un tapis peu épais, les mains écartées, les jambes pliées, vous inspirez et gonflez votre cage thoracique, puis vous expirez lentement durant 20 à 30 secondes, en plaquant bien sur le sol dos et surtout lombaires. À répéter 5 à 7 fois, éventuellement en écoutant de la musique. Prévention garantie des maux de dos ou de la pubalgie, et grande relaxation.

10 conseils pour ne pas me blesser

Courir sans jamais se blesser est sans doute une illusion ; reste que l'auteur de cet ouvrage, qui a couru une bonne trentaine de marathons dans sa « carrière » et continue d'en courir malgré le passage inévitable des années, ne s'est jamais blessé sérieusement. Simplement quelques bobos classiques. Comme quoi, avec un peu de prudence et de sagesse, on peut éviter pas mal de blessures.

Modérer mon « appétit »

Encore plus si vous êtes un ex-sédentaire – nous vous donnons tous les conseils dans cet ouvrage –, ne vous lancez pas à corps perdu dans la course à pied. On va voir ce qu'on va voir, je vais courir 45 minutes ! Non, commencez par marcher 20-30 minutes à bonne allure, puis alternez course et marche.

La marche, c'est très bon

Nous reviendrons sur l'importance de la marche pour… le coureur à pied. Mais sachez que marcher, et ne pas toujours courir, ce n'est pas déshonorant. Tant lors de vos séances d'entraînement que durant les compétitions. Lorsque l'on fait une sortie un peu longue, on peut faire des pauses marchées de 2 ou 3 minutes toutes les 20 minutes ; idem lors d'une course avec dossard ; encore plus lors d'un marathon. N'hésitez donc pas à marcher si vous ressentez fatigue, essoufflement.

Pas de parcours trop longs, trop souvent

Avec l'expérience, vous allez courir plus longtemps – jusqu'à 1 heure, 1 heure 30 et même beaucoup plus. Mais évitez de répéter des parcours trop longs et trop fréquents, c'est la cause de nombreuses blessures. Et ce n'est pas très motivant de faire long, trop souvent. Il faut varier les plaisirs, et donc les distances.

Une intensité modérée

Beaucoup de coureurs, même débutants ou nantis de quelques semaines ou mois de jogging, se sentent à l'aise et veulent courir plus vite. Pourquoi pas, c'est l'un des buts, mais surtout pas de façon brutale : cette augmentation de la vitesse de course sera progressive.

Bien m'échauffer le matin

Non seulement on vous déconseille la course lors des pics de pollution, mais également lorsqu'il fait très froid. Ce n'est bon ni pour les poumons ni pour le cœur. Mais même dans des conditions normales, si vous allez courir tôt le matin, il faut bien vous échauffer et courir à allure très lente durant 10 minutes ou un quart d'heure si possible, pour « réveiller » des muscles engourdis par le repos de la nuit. Bon échauffement indispensable le matin, même si ensuite le travail vous appelle.

Bien maîtriser mon parcours

Nous l'avons dit, c'est bien de varier ses parcours, de ne pas partir toujours du même endroit, de gravir une petite côte, etc. Mais attention, ces variations doivent être maîtrisées et jamais brutales. En bref, si, en pleine forme, vous partez défier une côte sévère au fort pourcentage ou dévaler une pente, vous risquez de malmener vos muscles et articulations et de vous blesser. N'improvisez pas de façon brutale vos changements de dénivelés, abordez une côte de façon maîtrisée, sans forcer, pourquoi pas en marchant les derniers mètres si son profil est accidenté.

Surveiller mon poids

Pour vous course à pied ne rime peut-être pas avec perte de poids ; tant mieux après tout. Reste qu'il est conseillé de surveiller son poids, après les fêtes ou si l'on n'a pas beaucoup couru en hiver et bien mangé, car le surpoids, même léger, peut être une cause de blessures. Lors de chaque foulée la percussion du sol est égale à 4 fois le poids du joggeur ; eh oui, les fréquences des blessures sont moins élevées chez les poids légers !

Vraiment pas besoin de souffrir

Je suis content, j'ai souffert ! Pour autant, avez-vous fait une bonne séance ? Peut-être, mais pas sûr, et course à pied ne doit pas, quel que soit son niveau, rimer avec souffrance et douleur, mais bien avec plaisir, bien-être et épanouissement. Avoir fait une séance confortable, sans avoir souffert, ni peiné, c'est bien cela le but de la course à pied. Avec l'expérience, être de plus en plus à l'aise est l'objectif que l'on doit rechercher.

Savoir récupérer

Espacer ses séances, ne pas courir 2 jours de suite, mais aussi savoir s'arrêter en cas de petits bobos. Nous y reviendrons dans le traitement des blessures, mais il faut savoir récupérer et même dire stop en cas de fatigue ou de petites douleurs. Pour mieux repartir quelques jours après. Rien de perdu, au contraire.

Et surtout, toujours bien chaussé !

Nous revenons souvent dans cet ouvrage sur l'importance des chaussures. Des bonnes chaussures de running qui amortissent et stabilisent le pied. Ce n'est pas pour faire de la pub aux marques, mais bien pour vous encourager à porter des chaussures de running au lieu de ressortir du placard une vieille paire de « tennis ». Courir bien chaussé, c'est capital pour diminuer les risques de blessures, sans oublier d'en racheter de nouvelles après environ 1 an d'utilisation. Un peu plus peut-être pour le coureur débutant, mais vous pourrez alterner le port des 2 paires, ancienne et neuve, en utilisant la plus vieille pour des footings légers ou pour marcher. Tout simplement.

Me soigner moi-même ou aller voir mon médecin ?

Je suis mon propre médecin

Pas d'embrouille, diplômé en tout ce que vous voulez, mais pas en médecine ! Vous n'allez pas usurper l'identité d'un médecin, mais êtes seulement décidé à vous soigner vous-même. C'est possible pour des petites douleurs au tendon d'Achille, au mollet, au pied, voire entre les orteils ou encore pour des courbatures ; c'est fréquent. Alors que faire ?

D'abord, me reposer

Une douleur, une gêne au niveau du tendon d'Achille – c'est très fréquent –, du mollet, du genou ou encore de la plante du pied vous pose problème. Pourquoi ne pas arrêter de courir durant quelques jours, voire une semaine, encore plus si vous n'êtes pas en train de préparer une course avec dossard.

Et me soigner avec de la glace

Durant 5-6 minutes, matin et soir si possible, vous entourez votre endroit douloureux avec un pack de glace inséré dans une enveloppe, pack vendu dans les magasins de sport ou dans les pharmacies et prévu pour ce genre de bobos. Ou bien, pour des douleurs à la plante du pied, vous posez votre pied dessus. Pour les courbatures, il faudra appliquer du chaud, donc faire chauffer votre pack. Froid ou chaud à appliquer ? Du froid en général, et si vous vous trompez, le froid, c'est mieux que le chaud.

Continuer à courir malgré tout...

Pourquoi pas, là encore, si vous êtes en état de manque ou si vous préparez une course. Dans ce cas, avant d'aller courir, massez votre endroit un peu douloureux avec une pommade anti-inflammatoire, type Voltarène, vendue en pharmacie. Vous pouvez demander des conseils à votre pharmacien, qui saura vous vendre la bonne pommade et vous donner le bon mode d'emploi. Puis allez courir et, au retour, entourez l'endroit de votre gêne avec le pack de froid durant 5-6 minutes.

Quand donc aller voir mon médecin ?

Si, malgré les soins, la douleur ou la gêne persiste, mieux vaut aller consulter votre médecin. De préférence, si vous en connaissez un dans votre commune, un médecin du sport, qui souvent est aussi un coureur à pied. Le risque possible avec un médecin « non sportif », c'est qu'il vous dise d'arrêter de courir, que ce n'est pas bon pour vous. On caricature un peu, mais c'est possible. Reste que votre médecin, qui vous fera le bon diagnostic, vous prescrira le bon traitement, vous recommandant même fréquemment des séances de kinésithérapie, le plus souvent très efficaces. Et vous serez alors complètement remis sur pied !

Je m'alimente bien et efficacement

Nous avons déjà abordé la question de votre alimentation plus haut lorsqu'il s'agit de perdre quelques kilos et n'allons pas faire un cours de nutrition à connotation scientifique, cela n'entre pas dans nos compétences ; c'est souvent compliqué et pas toujours clair, il faut bien le dire. Nous allons donc faire simple, puis vous proposer un menu type idéal en période d'entraînement ou de course à pied pour la forme, tout simplement. Un menu que vous pourrez ensuite aménager en fonction de votre expérience et vos préférences.
Il existe donc 3 catégories d'aliments sans oublier l'eau.

Les glucides, mon supercarburant

Ils sont simples, à absorption rapide, comme le sucre, le miel, la confiture, le pain blanc, les jus de fruits… ou complexes, les plus précieux (même si tout est précieux dans votre alimentation) à absorption lente, comme les pâtes complètes et al dente, surtout pas trop cuites, le riz complet et pas trop cuit non plus, car trop cuits pâtes et riz deviennent des sucres rapides. Or, par l'intermédiaire du glucose, les glucides complexes représentent le supercarburant du coureur que vous êtes. Dans vos muscles, le glucose est mis en réserve et constitue ce que l'on appelle le glycogène. Plus vous courrez, plus vous aurez besoin de ce glycogène, dont vous n'avez pas fini d'entendre parler. Nous y reviendrons en évoquant votre premier marathon, si bien sûr vous vous attaquez à cette distance, mais il ne faut surtout pas partir trop vite et dilapider ce glycogène qui sera précieux en fin de course.

Les lipides, pour courir lentement et longtemps

Ils sont synonymes de matière grasse et sont souvent fuis par le coureur qui a quelques kilos à perdre. Et pourtant, comme les glucides, les lipides sont une autre source d'énergie très importante pour courir à allure lente, source quasi inépuisable, car les spécialistes disent que l'on pourrait faire 30 marathons de suite et à allure lente avec nos réserves lipidiques. En outre, une absence de lipides dans votre alimentation pourrait entraîner fatigue, carences voire blessures. Donc, si vous mettez chaque jour dans vos salades des huiles dites de première pression à froid – c'est marqué sur l'étiquette –, type colza, olive, et si vous mangez quelques noix, amandes ou noisettes non grillées, ce sera idéal. Les oméga 3 et 6 dont on parle beaucoup, vous les aurez. En revanche, il faudra réduire les lipides d'origine animale et non végétale que l'on trouve dans le beurre, la crème, la charcuterie, la viande et le fromage. Tout cela à consommer sans doute, mais avec modération.

Les protéines, c'est bon pour mes muscles

Leur présence est importante, car elles permettent de développer et renouveler les cellules, notamment musculaires, qui sont très sollicitées par le coureur. Les sources alimentaires des protéines sont les viandes (blanche ou rouge), les poissons, les œufs, les fruits de mer, les laitages, yaourts et fromages blancs. Si vous êtes un coureur végétarien, œufs et laitages seront vos principales sources de protéines et devront donc être présents dans vos repas quotidiens.

Plus d'eau, moins d'alcool, pas de tabac !

L'eau reste bien sûr l'élément indispensable du coureur à pied. Il faut boire au moins 1,5 litre d'eau par jour. Eau minérale, du robinet, peu importe. Puisque vous courez régulièrement, et plus encore lorsque l'on prépare une compétition, il faut compenser les pertes hydriques dues à la sudation et éviter une diminution de vos capacités musculaires.

Pas question de vous priver de votre verre de bon vin, ou de votre demi de bière, mais l'alcool, encore plus s'il est fort, est à consommer avec modération, comme on dit. C'est comme pour le tabac, que vous pourriez et même devriez supprimer complètement, si bien sûr vous fumez.

Un menu type

Ce menu vous donnera des idées pour l'adapter à votre goût, tout en respectant les grands principes alimentaires mentionnés pour courir plus facilement, au bon poids.

Petit déjeuner

Thé ou café sucré avec un peu de miel, ou non sucré

1 jus de fruits frais

1 morceau de pain normal ou complet, de préférence avec un peu de beurre

1 morceau de fromage ou 1 œuf (coque, mollet, dur) ou du jambon blanc

1 yaourt ou fromage blanc avec muesli au blé complet, peu sucré, type Weetabix, All Bran, Jordans et fruit (kiwi, pomme, banane…)

Déjeuner

Crudités (tomates, carottes, concombre, laitue) assaisonnées avec huile de tournesol, colza ou olive

Une viande maigre (escalope de veau, faux-filet de bœuf, lapin, volailles) ou du poisson. Viande rouge, 2 fois par semaine maximum.

Une assiette avec féculents (riz complet, pâtes au blé complet ou lentilles ou pommes de terre) et légumes verts (courgettes, aubergines, épinards, etc.)

1 morceau de fromage et/ou 1 dessert type riz, semoule au lait

1 morceau de pain complet ou normal

Avec de l'eau surtout, 1 verre de vin éventuellement, 1 café ou 1 thé

Collation éventuelle

1 fruit

1 yaourt nature, un peu sucré ou avec un peu de muesli

1 verre d'eau

Dîner

1 potage maison, de préférence

Des œufs (omelette, au plat, brouillés, pochés) ou du jambon blanc avec une assiette comprenant légumes verts et féculents, si entraînement le lendemain matin, ou, selon appétit, légumes verts seulement

1 yaourt ou fromage blanc sucré au miel de préférence

1 fruit

1 morceau de pain complet, de préférence

De l'eau

1 tisane

Ce que j'ai ressenti durant cette phase de progression

Les +

- Je cours plus longtemps, plus facilement.
- Je peux accélérer sans souffrir.
- Je peux monter des côtes courtes.

Les – à améliorer

- Je ne peux pas encore courir avec des copains plus rapides.
- Je respire difficilement lorsque la côte est un peu longue.
- Je suis un peu « raide » le matin.

Nos réponses

- Si vous courez en groupe, n'hésitez pas à vous laisser distancer, ne suivez pas les coureurs plus rapides ; fixez-vous des points de rencontre où plus rapides et plus lents se retrouveront.
- Une côte difficile, alors que faire ? Marcher tout simplement, puis repartir.
- Raideur matinale : normal encore, il faut courir lentement durant 10 bonnes minutes, voire marcher d'un pas rapide 10 minutes avant de courir plus vite.

NOTRE TÉMOIN

Philippe : du tennis à la course à pied

Philippe Mechali veut progresser. Il a 61 ans. Pourquoi pas, surtout qu'il a beaucoup d'années de tennis derrière lui, mais il ressent aujourd'hui les effets d'une récupération bien plus difficile dans la pratique de son sport qui n'est pas vraiment de l'endurance, mais plutôt du fractionné. « Je cours 1 heure, 1 heure 15 en endurance, explique Philippe, à environ 8 km/h, mais je ne fais pas de séances plus courtes et plus rapides. J'estime qu'avec une bonne endurance je pourrai faire ma première course avec dossard, probablement les 20 km de Paris. »

Vos sensations

Chapitre 4

Je veux faire ma première compétition

Le 5 km, la distance de base

Certains coaches déconseillent de commencer à porter son premier dossard sur 5 km. Pourquoi ? Parce que le 5 km met en lice des coureurs très rapides, très performants, jeunes le plus souvent, qui sont à l'aise sur les distances courtes et aspirent à faire un podium. Le risque, c'est, pour ne pas paraître ridicule, de vouloir les suivre, du moins, pendant quelques mètres. Et donc de dilapider ses forces d'entrée. Erreur que vous ne ferez pas : vous laisserez partir ces coureurs plus rapides et courrez, lentement, à votre rythme de débutant ; vous ne serez pas ridicule et courrez ensuite avec des coureurs de votre niveau. 5 km, ce n'est pas trop long, un effort à la portée du débutant, quel que soit le chrono à l'arrivée.

Mes plans de préparation

Comme pour toutes les distances et les compétitions que l'on souhaite faire, il y a – eh oui – 2 préparations à faire. Ce sera la même chose, vous le verrez, pour 10 km, le semi-marathon et bien sûr le marathon. D'abord, une préparation dite générale, où, durant quelques semaines (2 pour le 5 km, 3 pour le 10 km et le semi-marathon, 4 pour le marathon), vous travaillez votre endurance et votre vitesse, soit les fondamentaux de la course à pied. Vous vous familiarisez, jour après jour, avec les distances, les exigences que vous devrez maîtriser pour votre course avec dossard. Puis juste après suivra une autre préparation dite spécifique qui, celle-ci, précédera la compétition proprement dite de plusieurs semaines et qui sera complètement adaptée au chrono que vous souhaitez réaliser, ce qui est réservé aux coureurs plus confirmés qui veulent faire un 5 km en 20 minutes, un 10 km en 45 minutes, un semi en 1 heure 30, voire un marathon en 3 heures 30. Voire, bien sûr des temps plus élevés. Vous n'en êtes pas encore là, loin s'en faut, votre plan spécifique visant un objectif très simple : finir à l'aise, sans avoir souffert.

Mon plan 5 km

Ce plan 5 km s'adresse aux coureurs qui courent depuis au moins 6 mois à raison de 2 sorties par semaine. Il sera encore plus efficace si vous avez respecté les principes suivants durant les semaines qui précèdent :

- 2 sorties hebdomadaires au moins ;
- 1 sortie plus longue le week-end jusqu'à 50 minutes en endurance ;
- 1 sortie en semaine ponctuée par 6 à 8 accélérations progressives de 15 secondes suivies d'une récupération à allure lente, cela complété par quelques exercices de renforcement des abdominaux et des dorsaux à faire chez vous ou en nature.

Vos 2 semaines types de préparation générale à faire juste avant le plan

Mardi :

40 minutes en endurance (65 à 75 % fréquence cardiaque maximale), puis 6 accélérations de 20 secondes, puis renforcement des abdominaux et des dorsaux.

Jeudi (optionnel mais conseillé) :

30 à 40 minutes en endurance (65 à 75 % FCM).

Dimanche :

50 minutes en endurance (65 à 80 % FCM).

Nos 3 conseils avant de commencer le plan

- Respectez la diminution de votre entraînement en dernière semaine pour récupérer et bien assimiler votre plan.
- Initiez-vous 1 fois par semaine, chez vous de préférence ou en nature, sur gazon sec, à des exercices de renforcement des abdominaux, type pédalage classique.
- Lors des séances des 2 premiers mardis accélérez progressivement durant les 20 ou 30 secondes sans prendre en compte les valeurs affichées par votre cardiofréquencemètre, car le temps d'effort est trop court pour utiliser la fréquence cardiaque comme référence.

Votre plan en 5 semaines

Rappel

Endurance se dit d'un footing couru de 65 à 75 % voire 80 % de votre fréquence cardiaque maximale, cela si vous utilisez un cardiofréquencemètre et connaissez votre véritable FCM. Ou c'est plus simplement un footing dont l'intensité ne produit pas un essoufflement marqué et vous permet de parler sans problème durant l'effort.

Le seuil (de 80 à 88-90 % de votre FCM) est une intensité de course plus importante qui produit un essoufflement plus marqué. Vous parlez plus difficilement.

1re semaine

Mardi :

20 minutes en endurance (70 à 75 % FCM), puis 2 séries de 6 fois 20 secondes en accélération progressive suivies pour chaque accélération de 40 secondes en course lente. Avec 3 minutes de trot et marche entre les 2 séries. Finir par 10 minutes en endurance.

Jeudi (optionnel, mais conseillé) :

30 minutes en endurance (70 à 75 % FCM).

Dimanche :

50 minutes en endurance (75 à 78 % FCM).

2e semaine

Mardi :

20 minutes en endurance (70 à 75 % FCM), puis 2 séries de 6 fois 30 secondes en accélération progressive, accélération suivie de 40 secondes en course lente. Avec 3 minutes de trot et marche entre les 2 séries. Puis 10 minutes en endurance.

Jeudi (optionnel, mais conseillé) :

40 minutes en endurance (70 à 75 % FCM).

Dimanche :

30 minutes en endurance (75 à 78 % FCM), puis 10 minutes à 80-85 % FCM (léger essoufflement), puis 20 minutes en endurance.

3e semaine

Mardi (optionnel, mais conseillé) :

40 minutes en endurance (75 % FCM).

Jeudi :

20 minutes en endurance (70 à 75 % FCM). Puis 3 fois 4 minutes au seuil (85 à 88 % FCM). Récupération 2 minutes en footing lent après chaque accélération de 4 minutes. Puis 10 minutes en endurance.

Dimanche :

50 minutes, 1 heure si possible, en endurance (75 à 78 % FCM).

4e semaine

Mardi :

20 minutes en endurance (70 à 75 % FCM). Puis 3 fois 5 minutes au seuil (85-88 % FCM). Récupération 2 minutes en footing lent après chaque accélération de 5 minutes. Puis 10 minutes en endurance.

Jeudi (optionnel, mais conseillé) :

40 minutes en endurance (70 à 75 % FCM).

Dimanche :

45 minutes en endurance (75 à 78 % FCM).

5e semaine

Mardi :

40 minutes en endurance (75 % FCM).

Jeudi :

20 minutes en endurance (70 à 75 % FCM). Puis 8 accélérations progressives de 20 secondes suivies chacune de 40 secondes de footing lent. Puis 10 minutes en endurance.

Dimanche :

Votre course sur 5 km.

Nos 3 conseils pour passer à la « vitesse supérieure »

- Allégez d'abord votre entraînement durant toute la semaine qui suit cette première course. Prenez les bonnes habitudes.
- Arrivez à faire 3 entraînements hebdomadaires.
- Allongez progressivement la sortie du week-end pour courir 1 heure, ou mieux 1 heure 15 minutes.

Comment je vais gérer mon 5 km

- D'abord, avant le départ, on s'échauffe, on court lentement, très lentement durant 10-15 minutes, puis on s'étire (quadriceps, ischio-jambiers, mollets) tout en douceur.
- Attention, le 5 km réunit des coureurs très rapides qui partent très vite, et si le peloton est réduit, la tentation est grande de vouloir suivre les coureurs de tête. Surtout pas, même si vous êtes dernier dudit peloton !
- Courez à l'aise, si vous n'éprouvez aucune difficulté pour respirer, c'est tout bon.
- À mi-course, vous pouvez, si les sensations sont bonnes, accélérer en douceur, puis si tout va bien, faire une nouvelle accélération à 400 mètres de l'arrivée, qui sera signalée par un panneau.
- La ligne franchie, hydratez-vous, croquez un quartier de pomme ou autre fruit ; un stand avec boisson et fruits est souvent prévu pour les coureurs.
- Rhabillez-vous sans tarder, sauf si un vestiaire avec douche est ouvert aux coureurs…

Ce que j'ai ressenti pendant ma course

Les +

- Un chrono meilleur que prévu.
- Jamais vraiment en difficulté.
- Accélération progressive jusqu'à la fin.

Les – à améliorer

- Trouver le temps d'augmenter mon kilométrage pour passer à la distance supérieure.
- Plus de kilomètres nécessaires sur bitume, crainte pour mes articulations fragiles.
- Sur 10 km, ma prochaine distance, crainte de ne plus avoir de réserves au 8e km…

Nos réponses

- Pas de miracle, il faut plus de temps disponible pour courir plus. Matin, heure du déjeuner ou soirée après le travail, on peut y arriver…
- Nous l'avons vu, le bitume est nécessaire pour s'habituer et habituer sa foulée au revêtement dur des courses ; de bonnes chaussures amortissantes sont le garant de votre protection.
- Le 8e km est la perspective du coup de barre appelé « mur », déjà présent sur 10 km et plus encore sur semi et marathon. Un bon conseil : bien gérer son effort et ne jamais partir trop vite, ce que vous avez déjà fait sur 5 km. Idem sur 10.

NOTRE TÉMOIN

Simon : un premier 5 km en 27 minutes

Simon Richard qui courait son premier 5 km visait 30 minutes, et il a couru en 27 minutes sur les routes de Seine-et-Marne. « Je m'étais bien préparé durant au moins 6 mois pour ce premier dossard avec 2 séances par semaine de 50 minutes maximum en endurance. Pas encore de séances plus courtes et plus rapides. Autre atout, j'avais reconnu le parcours qui comportait une côte. » Important en effet, encore plus avec une côte, pour éviter les mauvaises surprises, mémoriser son parcours et surtout ne pas partir top vite.

Le 10 km, la course la plus courue

Une distance très accessible, mais…

Beaucoup de coaches présentent cette distance comme idéale pour un premier ou deuxième dossard, et ils ont raison. Le 10 km est la distance la plus courue dans le monde. Si vous pouvez courir en vous entraînant 2 fois par semaine, 3 si possible, au moins 50 minutes sans vous arrêter, sans souffrir, vous pourrez courir un 10 « kil » sans trop de problèmes. Vous mettrez 1 heure, voire un peu plus, mais le chrono n'a pas d'importance. Reste que, nous le verrons un peu plus loin dans la gestion de votre course, il ne s'agira pas de partir trop vite en suivant les coureurs plus expérimentés. Il conviendra de prendre son temps, de bien s'échauffer, car, on l'a dit, sur 10 km, comme sur semi et sur marathon, se dresse un « mur », c'est le jargon technique de la course à pied, pour parler d'un coup de pompe possible. Sur 10 km, ce mur se dresse le plus souvent au 8e km. Mais commençons par la préparation générale à votre 10 km, les bases nécessaires pour bien négocier cette distance et bien négocier la préparation spécifique de 6 semaines avant la course, préparation complètement adaptée à votre objectif.

À qui s'adresse ce plan 10 km ?

Ce plan s'adresse aux coureurs qui courent depuis 6 mois continus au moins 2 fois par semaine. Il sera encore plus efficace si vous avez respecté les principes suivants durant les semaines qui précèdent :

- 2 sorties hebdomadaires de 45-50 minutes au moins ;
- vous avez couru 1 heure, voire 1 heure 15 minutes sans vous arrêter ;
- vous avez commencé à tester des entraînements dits fractionnés (avec changements d'allures).

Vos 3 semaines types de préparation générale à faire juste avant le plan

Mardi :

40 minutes en endurance (70 à 75 % FCM).

Mercredi :

Renforcement des abdominaux et dorsaux en nature ou, mieux, chez vous.

Jeudi :

30 minutes en endurance, puis 1 ou 2 séries de 6 fois 30 secondes en accélération progressive, accélérations suivies de 30 secondes lentes de récupération.

Dimanche :

Footing en endurance 1 heure, 1 heure 15 minutes si possible.

Nos 3 conseils avant de commencer le plan

- ✓ Consultez régulièrement votre cardiofréquencemètre pour vérifier que vous respectez les bonnes allures.
- ✓ Lors des séances dites de fractionné, accélérez toujours progressivement ; vous devez toujours avoir la sensation de pouvoir prolonger l'accélération de 10 à 20 secondes.
- ✓ La dernière semaine est allégée pour vous permettre de récupérer et de bien assimiler votre plan ; n'en rajoutez pas.

Votre plan en 6 semaines

Rappel

Endurance : se dit d'un footing couru de 65 à 75 %, voire 80 %, de votre fréquence cardiaque maximale (FCM), si vous utilisez un cardiofréquencemètre et connaissez votre véritable FCM. Plus simplement, c'est un footing dont l'intensité ne produit pas un essoufflement marqué et qui vous permet de parler sans problème durant l'effort.

Le seuil : intensité de course qui produit un essoufflement plus marqué, c'est même l'intensité que vous allez atteindre lors de votre course de 10 km.

1re semaine

Mardi :

40 minutes en endurance (de 70 à 75 % FCM).

Mercredi :

Étirements et renforcement des abdominaux et dorsaux chez vous de préférence ou en nature sur terrain sec (voir p. 102).

Jeudi :

20 minutes en endurance (75 % FCM), puis 2 séries de 7 fois 20 secondes en accélération progressive suivies, après chaque accélération, de 40 secondes en course lente. Faites 3 minutes de trot et marche entre les séries pour récupérer. Puis 10 minutes en endurance.

Dimanche :

50 minutes en endurance (75 à 78 % FCM).

2e semaine

Mardi :

45 minutes en endurance (75 à 78 % FCM).

Mercredi :

Étirements et renforcement des abdominaux et dorsaux.

Jeudi :

20 minutes en endurance (75 % FCM), puis 2 séries de 7 fois 30 secondes en accélération progressive, accélérations suivies de 30 secondes en course lente pour récupérer. Faire 3 minutes de trot et marche entre les séries. Puis 10 minutes en endurance. Étirements.

Dimanche :

1 heure en endurance (75 à 78 % FCM).

3e semaine

Mardi :

40 minutes en endurance (75 à 78 % FCM).

Mercredi :

Étirements et renforcement des abdominaux et dorsaux.

Jeudi :

20 minutes en endurance (75 % FCM), puis 3 fois 4 minutes à 85-88 % FCM (rythme produisant un essoufflement important), avec 1 minute 30 secondes de récupération au trot entre chaque accélération. Puis 10 minutes en endurance.

Dimanche :

1 heure à 1 heure 15 minutes en endurance (75 à 78 % FCM).

4e semaine

Mardi :

40 minutes en endurance (75 à 78 % FCM).

Mercredi :

Étirements et renforcement des abdominaux et dorsaux.

Jeudi :

20 minutes en endurance (75 % FCM), puis 3 fois 5 minutes à 85-88 % FCM (rythme produisant un essoufflement important), avec 1 minute 30 secondes au trot après chaque accélération. Puis 10 minutes en endurance. Étirements.

Dimanche :

1 heure à 1 heure 15 minutes en endurance (75 à 78 % FCM).

5e semaine

Mardi :

40 minutes en endurance (75 à 78 % FCM).

Mercredi :

Renforcement des abdominaux et dorsaux.

Jeudi :

20 minutes en endurance (75 % FCM), puis 2 fois 8 minutes à 85-88 % FCM (rythme produisant un essoufflement important), avec 2 minutes au trot après chaque accélération. Puis 10 minutes en endurance.

Dimanche :

45 minutes en endurance (75 à 78 % FCM).

6e semaine

Mardi :

40 minutes en endurance (75 à 78 % FCM).

Mercredi :

Renforcement des abdominaux et dorsaux.

Jeudi :

20 minutes en endurance (75 à 78 % FCM), puis 3 minutes à 85-88 % FCM, puis 10 minutes en endurance. Étirements.

Dimanche :

Votre 10 km.

Nos 3 conseils pour passer à la « vitesse supérieure »

- Après votre 10 km, vous récupérez 1 semaine en allégeant votre programme, puis repartez avec l'endurance prioritaire, mais aussi pendant 3 semaines chaque mois avec au moins 1 séance fractionnée courte hebdomadaire (comme en semaines 1 et 2).
- Fixez-vous un nouvel objectif plus ambitieux d'ici 4 à 5 semaines.
- Variez les reliefs, prenez aussi des petites montées lors de vos séances dites fractionnées ou séances en endurance.

Comment je vais gérer ma course

Surtout, on l'a dit plus haut, ne partez pas trop vite. Vous verrez, c'est tentant, on se dit que 10 km, c'est peu, mais on va quand même courir plus vite qu'à l'entraînement. Alors voici nos conseils pour bien gérer cette distance.

- Je laisse partir devant moi les coureurs plus jeunes, plus expérimentés et cours à mon rythme, même si – mais c'est rare – je suis seul.
- Je peux accompagner la foulée de coureurs qui semblent avoir mon potentiel.
- Je trouve mon bon rythme, ma bonne allure qui me permet de courir à l'aise.
- Je peux accélérer légèrement si je respire bien.
- Au 5e km, je ralentis et m'hydrate à la table de ravitaillement prévue ; si besoin, je peux m'arrêter et boire tranquillement.
- Il reste 5 km, ce n'est pas fini, je peux repartir à une bonne allure, mais sans forcer.
- Le 8e km approche, si je n'ai pas trop accéléré, aucune raison de taper dans le « mur », encore 1 km raisonnable et à 800 mètres de la ligne je peux accélérer un peu si je suis bien… mais pas de sprint !
- Le sprint c'est pour finir en beauté à quelques mètres du portique d'arrivée où mon temps s'affichera. Moins d'1 heure peut-être ! Une « première » réussie !

Ce que j'ai ressenti durant mon 10 km

Les +

- La découverte d'une ambiance festive très sympa.
- Un chrono meilleur que prévu.
- L'apprentissage de la bonne gestion de son effort.

Les –

- Augmenter le kilométrage pour passer au stade supérieur.
- Devoir faire des séances plus rapides.
- Tout cela avec un emploi du temps plutôt lourd.

Nos réponses

- Pas de miracle, pour préparer 21,100 km, il faudra faire des séances d'1 heure 15 minutes au moins en endurance pour pouvoir courir son semi à l'aise. Autre option possible : courir des 15 km, distance plus rare toutefois.
- Faire des séances fractionnées plus rapides, c'est diversifier son entraînement. Pas négatif !
- 1 séance d'entraînement en semaine et 2 le week-end, c'est possible.

NOTRE TÉMOIN

Patrick : Un chrono meilleur que prévu

Patrick Viale a couru, à 26 ans, son premier 10 km en 51 minutes, un chrono qu'il n'espérait pas trop au départ. « J'avais fait une préparation de 2 mois avec 2 séances par semaine, sans séances fractionnées, ça a suffi pour bien gérer mon parcours, négocier des lignes droites assez longues et surtout bien passer une côte assez raide à escalader 2 fois. Je n'ai jamais souffert. » Si cela peut susciter des vocations…

Vos sensations

Dorsaux et abdos : mode d'emploi

Dans nos plans nous vous conseillons, chaque mercredi, de vous étirer (mollets, quadriceps, ischio-jambiers, adducteurs) et de faire aussi un renforcement musculaire pour vos dorsaux et vos abdominaux. Nous vous rappelons que vous pouvez vous étirer en douceur au début de votre séance et après échauffement de 10 minutes environ, cela avant de courir vraiment. Mais évitez de vous étirer après afin de ne pas rajouter de la fatigue à vos muscles. Le mieux, c'est que, chez vous, un jour de votre choix sans entraînement, le mercredi ou bien un autre jour, vous consacriez un peu de temps chaque semaine aux étirements et à ces exercices de renforcement musculaire. Vous pouvez donc à la maison vous étirer comme expliqué chapitre 2 « Je commence à courir », puis renforcer vos dorsaux et vos abdos. Mais comment faire ce renforcement ?

Voici un programme pas à pas, à réaliser dans sa totalité. Abdos, dorsaux, tout est lié.

Abdominaux : Faites simple avec, allongé sur le dos, en appui sur les coudes, 20 à 30 pédalages dans un sens puis dans l'autre, exercice que vous pouvez répéter 2 fois *(photo de gauche)*.

Puis toujours allongé, vous repliez les jambes, que vous levez et écartez, puis resserrez 20 à 30 fois aussi *(photo ci-dessous)*.

Dorsaux : En appui facial sur les coudes (bras à écartement des épaules), vous maintenez la posture 30 secondes. À répéter 2 fois si vous le pouvez.

Idem du côté droit et du côté gauche en appui sur l'avant-bras droit ou gauche. Tenez 30 secondes et répétez 2 fois si vous le pouvez.

Autre exercice : dos au mur, se maintenir 30 secondes comme si vous étiez assis sur une chaise. À répéter 2 fois si vous le pouvez.

Enfin, vous pouvez finir avec 10-15 pompes,
peut-être plus !

Chapitre 5

Je « muscle » mon entraînement en tenant compte des enseignements de mon 10 km

Facile, un peu difficile, vous allez effectivement tenir compte des « plus » et des « moins » de votre premier 10 km pour « muscler » votre entraînement, car la distance supérieure que vous courrez peut-être, le semi-marathon, demande une préparation renforcée. En tout cas, que ce soit facile ou un peu laborieux après 7-8 km, le constat est le même : il faut courir au moins 3 fois par semaine et allonger la durée de vos séances d'endurance, celles courues de 60 à 80 % de votre fréquence cardiaque maximale (FCM). En outre, vous pourrez inclure dans votre préparation hebdomadaire des séances plus courtes et plus rapides, qui – c'est le but – vous feront courir plus vite sur les distances longues. C'est ce que l'on appelle de l'entraînement fractionné. Nous allons expliquer tout cela simplement, sans abuser d'un jargon trop scientifique comme c'est souvent de mise, aujourd'hui, dans les plans d'entraînement proposés un peu partout. C'est parti !

Je cours au moins 3 fois par semaine et fractionne

Pour progresser, viser le semi-marathon et peut-être le marathon, il faut vous entraîner au moins 3 fois par semaine en diversifiant vos séances et inclure l'entraînement fractionné dans votre programme ; c'est de la résistance dite dure (90 à 95 % de votre FCM), même si l'endurance (60 à 80 % de votre FCM) demeure l'allure de base, celle que vous devez faire absolument.

Reste que vos 3 séances hebdomadaires, faites avec votre cardiofréquencemètre, devraient avoir le contenu qui va suivre :

Mardi : 40 minutes en endurance, soit de 60-65 % de ma FCM à 75 % en fin de parcours.

Jeudi : Après les accélérations proposées dans nos plans de préparation au 10 km, je m'initie, pour un prochain objectif semi-marathon, encore un peu plus à l'entraînement fractionné. Cela sous la forme de 30 secondes courues vite, mais pas du sprint quand même, suivies de 30 secondes courues au trot pour récupérer. C'est facile à faire sur une piste ou en nature, il vous suffit de jeter un coup d'œil sur votre montre pour calibrer les 30 secondes. Faire du fractionné comme on dit, c'est travailler sa vitesse, sa VMA (vitesse maximale aérobie) – nous verrons plus loin de quoi il s'agit –, mais aussi faire travailler autrement ses muscles, améliorer la tonicité de son pied, la souplesse de sa foulée et améliorer son souffle. Sans compter que le cœur renforcera ses parois et éjectera plus de sang dans nos muscles.

Concrètement, votre séance : 15 minutes d'échauffement lent, puis quelques lignes droites rapides. Ensuite faire 5 à 8 « 30-30 » selon vos sensations. Vous pouvez, si vous êtes à l'aise, faire 2 séries de « 30-30 » en récupérant 10 minutes au trot entre chaque série. Rappelons que c'est 30 secondes vite, 30 secondes beaucoup plus lentement. À défaut 8 fois 15 secondes rapides, 15 secondes lentes, c'est aussi possible en cas de fatigue, de sensations mitigées. Puis 10 minutes lentement, pour récupérer, c'est ce que l'on appelle le retour au calme. Nous verrons plus bas que vous pouvez aussi fractionner à la sensation en vous fixant des repères à atteindre vite sur votre chemin, sur votre route. C'est faire du *fartlek*, une invention suédoise qui signifie jeu de vitesse.

Samedi ou dimanche : 1 heure en endurance de 60 % au départ à 75-80 % – mais pas plus – de votre FCM lorsque vous aurez trouvé votre allure idéale, que vous serez bien échauffé. Courir 1 heure sans vous arrêter, vous le pouvez, vous pouvez même peut-être faire 1 heure 15, sachant que c'est en 1 heure environ, peut-être un peu moins, que vous avez couru votre premier 10 km. Mais si vous ne pouvez pas courir 1 heure non-stop, un petit coup de mou après 35-40 minutes n'est pas grave du tout : vous marchez alors 1 à 2 minutes et repartez ensuite pour atteindre votre heure de course. Rappelons que la marche fait partie de la course, y compris en compétition !

Et le seuil anaérobie, de 80 à 90 % de votre FCM, appelé plus simplement endurance active, où est-il dans ce plan ?

Vous allez 1 semaine sur 2 alterner, le jeudi, votre séance de 30-30 ou 15-15 avec une séance en endurance active, à savoir à la limite de l'essoufflement, mais pas au-delà de la limite, surtout pas.

En clair : vous vous échauffez durant 15 minutes en courant à 60-65 % de votre FCM, lentement. Puis vous faites 10 minutes en passant progressivement de 80 à 88 % de votre FCM. Vous ralentissez et récupérez tranquillement durant 5 minutes avant de repartir pour, à nouveau, 10 minutes de 80 à 88 % et jusqu'à 90 %, mais pas plus de votre FCM. Enfin, vous terminez par 10-12 minutes lentement pour bien récupérer. Soit une séance, le jeudi, où cohabiteront le seuil anaérobie, une des grandes clés de votre progression, et l'endurance basique, l'autre clé de votre succès sur les distances plus longues.

En résumé :

Mardi et samedi ou dimanche : Endurance de 60 à 80 % de sa FCM.

Jeudi : Alternance, 1 semaine sur 2, entre fractionné court et séance au seuil de 80 à 88-90 % de sa FCM.

Avertissement : Si vous avez plus de 60 ans et peu d'expérience, contentez-vous de l'endurance ou encore de l'endurance et seuil, mais évitez le fractionné rapide. Pour votre cœur, c'est plus raisonnable.

Je détermine ma VMA (vitesse maximale aérobie)

Ne pas connaître sa VMA n'est pas préjudiciable. Vous pouvez mener toute votre carrière de coureur à pied en ignorant votre VMA, la fréquence cardiaque maximale (FCM) étant en revanche indispensable. Toutefois, la VMA peut être un bon indicateur de votre progression.

Qu'est-ce que la VMA ?

La vitesse maximale aérobie, c'est la vitesse de course maximale que vous pouvez soutenir en condition aérobie, c'est-à-dire avec de l'oxygène. Il ne s'agit pas de la plus grande vitesse que vous pouvez atteindre en sprintant à fond sans respirer, mais bien de votre vitesse maximale avec apport d'oxygène. En clair, vous pourrez courir à 100 % de cette vitesse maximale durant 3 à 6 minutes selon votre niveau. Lorsque, dans un plan d'entraînement, vous voyez séance VMA, c'est bien de cela qu'il s'agit : travailler et faire progresser votre vitesse maximale grâce à l'entraînement fractionné.

Ensuite, en compétition, avec un dossard, le but est d'exploiter, du 10 km au marathon, le pourcentage le plus élevé de cette VMA que vous pouvez tenir avec, on insiste, apport d'oxygène. En conséquence, mieux vaut exploiter en compétition 70 ou 80 % d'une VMA à 15 km/h que le même pourcentage à 14 km/h. Vous courrez plus vite plus longtemps !

Comment connaître ma VMA ?

En laboratoire sur tapis

Lors du test sur tapis passé en laboratoire avec assistance médicale (voir chapitre 3, « Je veux progresser »), test que vous pourrez demander à votre médecin de prescrire. Rappelons que ce test vous fera connaître aussi votre $V0_2$, la quantité maximale d'oxygène que votre organisme peut prélever dans l'air (par la respiration), transporter (par la circulation du sang) et consommer (par les muscles). Et la vitesse de course appliquée à cette valeur qui est la… VMA. Plus cette $V0_2$ est élevée, plus la VMA l'est et plus vous pourrez aller vite lors d'un effort en endurance.

Mais si vous ne passez pas ce test, un test de terrain très simple pourra vous faire connaître aussi VMA et FCM. Un test moins rigoureux, moins scientifique, plus risqué dans sa précision quand même. Ce test est le demi-Cooper, du nom d'un médecin militaire et entraîneur américain qui le mit au point.

En nature ou sur piste avec le demi-Cooper

Vous courrez donc 6 minutes en dosant bien votre effort, en accélérant sur la fin, mais en essayant de parcourir la distance la plus longue possible. Vous avez couru 1 400 mètres en 6 minutes, vous divisez cette distance par 100 et obtenez une VMA de 14 km/h. Et 15 km/h pour 1 500 mètres, etc. L'aide d'un GPS vous aidera à calibrer la distance parcourue, calibrage possible aussi sur la piste de 400 mètres d'un stade d'athlétisme. Et si votre GPS fait aussi cardiofréquencemètre, vous aurez également votre FCM au bout de ces 6 minutes. Mais encore une fois, la précision est forcément moins assurée que lors du passage d'un test sur tapis et sous surveillance du médecin.

Apprendre aussi à courir à la sensation

Si nous vous conseillons, avec l'aide de votre cardiofréquencemètre, de bien maîtriser vos allures de course, endurance et seuil notamment, il peut sembler paradoxal de vous proposer de courir à la sensation, sans aucun appareil pour vous aider. Et pourtant cela peut aussi vous aider à bien connaître vos sensations, ce qui sera un atout en compétition, car votre rythme cardiaque peut monter sous l'effet du stress notamment, le port du cardiofréquencemètre n'étant pas indispensable lorsque l'on court avec un dossard.

Alors comment « écouter » ses sensations ? Très facile, nous vous en avons déjà parlé avec nos plans 5 et 10 km :

- En endurance appelée fondamentale (de 60 à 80 % de votre FCM), vous courez à l'aise en respirant bien, sans subir votre allure de course, votre effort.
- Au seuil, ou endurance active (de 80 à 90 % de votre FCM), vous aurez moins de facilité, vous piocherez un peu, le souffle sera plus court ; si vous courez avec un compagnon, vous pourrez encore parler, mais plus difficilement. Cependant, vous tiendrez l'allure, 10 minutes, voire plus, et ralentirez ensuite. Car si vous essayez d'aller plus vite, vous serez en résistance dure, comme on dit, et là, plus possible de bavarder. En résumé, apprenez aussi, sans appareil, à courir selon vos sensations : les coureurs très expérimentés se passent de cardio ou de GPS pour s'entraîner. Vous n'en êtes pas encore là.
- En résistance dure (90 à 95 % de sa FCM), on peut aussi courir à la sensation, c'est le *fartlek*, un mot suédois qui signifie jeu de vitesse. En clair, après un échauffement à allure lente de 10-15 minutes, vous visualisez un arbre, un poteau, un lampadaire sur votre chemin ou encore sur la route et vous courez vite pour l'atteindre. Vous récupérez et repartez vite vers un autre repère. Cela pendant 10 minutes, avant de récupérer lentement durant 10 autres minutes.

Ce que je ressens avec cette « musculation » de mon programme

Les +

- Une préparation plus variée, moins routinière.
- La sensation de courir plus facilement.
- La tentation de faire plus de compétitions.

Les – à améliorer

- Plus stressant de devoir courir 3 fois par semaine…
- De devoir augmenter durée et intensité des séances.
- Forcé d'obtenir des résultats… en compétition.

Nos réponses

- Pas de miracle, s'entraîner 3 fois par semaine est le programme conseillé par tous les spécialistes pour progresser vers des distances plus longues.
- Idem pour la plus grande dureté des séances.
- Obtenir des résultats, c'est au contraire un sacré stimulant.

Vos sensations

Chapitre 6

Je me lance sur semi-marathon

Dans semi-marathon, il y a… marathon, le mot magique. Le semi – 21,100 km – représente donc un tout petit peu plus de la moitié du marathon (42,195 km), et il est, très souvent, un tremplin vers le marathon. Reste que vous pouvez aussi vous contenter de courir des semi dans votre carrière de coureur et ne pas faire de marathon.

Le semi représente une distance très intéressante, qu'il faut gérer, une distance quand même exigeante qui demande une bonne préparation avec des séances en endurance plus longues (1 heure 15 minutes au minimum pour un premier semi) et une course qu'il faut savoir donc bien organiser en dosant son effort. Il faut en effet se méfier du passage au 15e km où la baisse de régime intervient souvent, donc ne pas partir trop vite, comme dans un marathon. Sans compter que vous allez peut-être devoir courir plus de 2 heures pour votre entrée dans la distance du semi.

Reste que, par rapport au marathon, vous pouvez facilement courir, bien entraîné, plusieurs semi dans votre année de courses, alors que pour le marathon, en faire 1 par an est déjà bien, car la préparation et le kilométrage sont très exigeants. Et surtout, c'est important, vous récupérez mieux et plus vite d'un semi que d'un marathon. Normal.

Nous allons donc vous donner tous les conseils pour bien négocier cette arrivée sur semi, avec d'abord le plan de préparation générale qui vous donnera les grandes bases pour bien négocier la préparation à cette course et la distance à faire. Suivra votre plan de préparation dit spécifique qui précédera votre course et se terminera, si l'on peut dire, avec votre semi. Nous vous donnerons également nos meilleurs conseils pour bien gérer cette distance le jour J.

À qui s'adresse ce plan semi-marathon ?

Ce plan s'adresse à vous qui courez depuis au moins 1 an, à raison de 2 entraînements minimum par semaine et qui avez déjà participé à une compétition.

Vos 3 semaines types de préparation générale juste avant de commencer ce plan

Pour aborder ce plan dans les meilleures conditions, il est essentiel :

- d'avoir la capacité de courir au moins 1 heure 30 minutes, avec pauses marchées possibles ;
- d'introduire régulièrement dans votre entraînement des séances dites de fractionné ;
- d'avoir adopté un rythme avec 3 entraînements hebdomadaires dans le mois qui précède ce plan.

Exemple :

Mardi : 45 minutes en endurance (70 à 75 % FCM).

Mercredi ou autre jour sans entraînement : Étirements et renforcement des abdominaux et dorsaux.

Jeudi : 30 minutes en endurance, puis 2 séries de 8 fois 30 secondes en accélération progressive suivies de 30 secondes lentes.

Dimanche : Footing en endurance (70 à 75 % FCM) d'1 heure 30 minutes avec, si besoin, pauses marchées d'1 à 2 minutes toutes les 15 à 20 minutes pour récupérer et mieux repartir. Ce n'est pas préjudiciable.

Nos 3 conseils avant de commencer le plan

- Ne faites que 3 footings de 45 minutes en endurance (70 à 75 % FCM) durant la semaine qui précède le début de ce plan. Vous disposerez ainsi d'un bon capital de fraîcheur physique. La dernière semaine du plan est allégée – elle l'est pour toutes les distances préparées – cela afin de vous permettre de récupérer et de bien assimiler votre préparation avant votre course. N'en rajoutez donc pas.
- Ne rallongez donc pas les distances en fin de programme pour vous rassurer, car c'est le meilleur, ou plutôt le plus mauvais, moyen pour arriver épuisé le jour J.
- La durée des entraînements s'allongeant, vérifiez l'état de vos chaussures pour envisager un éventuel changement, c'est très important.

Votre plan

Rappel

Endurance : se dit d'un footing couru de 65 à 75 %, voire 80 %, de votre fréquence cardiaque maximale (FCM) si vous utilisez un cardiofréquencemètre et connaissez votre véritable FCM. Ou plus simplement c'est un footing dont l'intensité ne produit pas un essoufflement marqué et qui vous permet de parler sans problème durant l'effort.

Seuil anaérobie ou endurance active : intensité de course qui va de 80 à 88-90 % de votre FCM et produit un essoufflement plus marqué. C'est l'intensité que vous avez pu atteindre lors de votre course de 10 km.

VMA : vitesse maximale aérobie, c'est la vitesse la plus rapide à laquelle vous pouvez courir en apportant suffisamment d'oxygène aux muscles (90 à 95 % FCM). Au-delà de cette allure, les muscles se retrouvent « en dette d'oxygène » et la combustion des carburants (glucides dans ce cas) se fait mal, avec une rapide accumulation d'acide lactique au niveau musculaire.

1re semaine

Mardi :

50 minutes en endurance (70 à 75 % FCM).

Mercredi ou autre jour sans entraînement :

Étirements des quadriceps, ischio-jambiers, mollets et adducteurs, puis renforcement des abdominaux et dorsaux. À faire en nature si les conditions sont bonnes, ou, mieux, chez vous une fois rentré à la maison, un jour sans entraînement, le mercredi ou autre jour. Tout cela est indiqué dans le chapitre 3 (p. 102).

Jeudi :

20 minutes en endurance (75 % FCM), puis 6 fois 1 minute en accélération progressive (pour arriver à 90-95 % de FCM), suivie d'1 minute lente pour récupérer puis repartir. Puis 10 minutes en endurance.

Dimanche :

1 heure 20 minutes en endurance (75 à 78 % FCM).

2e semaine

Mardi :

50 minutes en endurance (70 à 75 % FCM).

Mercredi :

Étirements et renforcement des abdominaux et dorsaux.

Jeudi :

20 minutes en endurance (75 % FCM) et 8 fois 1 minute en accélération progressive (pour arriver à 90-95 % de FCM), suivie d'1 minute lente. Puis 10 minutes en endurance.

Dimanche :

1 heure 30 minutes en endurance (75 à 78 % FCM) avec si besoin des pauses marchées de 2 minutes toutes les 15 à 20 minutes.

3e semaine

Mardi :

45 minutes en endurance (70 à 75 % FCM).

Mercredi :

Étirements et renforcement des abdominaux et dorsaux.

Jeudi :

20 minutes en endurance (75 % FCM), puis 3 fois 5 minutes au seuil (85 à 88 % FCM), rythme produisant un essoufflement important, avec récupération de 2 minutes en endurance après les 5 minutes. Puis 10 minutes en endurance.

Dimanche :

1 heure 40 minutes en endurance (75 à 78 % FCM), avec, si besoin, pauses marchées de 2 minutes toutes les 15 minutes.

4e semaine

Mardi :

40 minutes en endurance (70 à 75 % FCM).

Mercredi :

Étirements et renforcement des abdominaux et dorsaux.

Jeudi :

20 minutes en endurance (75 % FCM), puis 3 fois 6 minutes au seuil (85 à 88 % FCM), récupération 2 minutes en endurance après les 6 minutes. Puis 10 minutes en endurance.

Dimanche :

1 heure 45 minutes en endurance (75 à 78 % FCM), avec, si besoin, pauses marchées de 2 minutes toutes les 15 ou 20 minutes.

5e semaine

Mardi :

40 minutes en endurance (70 à 75 % FCM).

Mercredi :

Étirements et renforcement des abdominaux et dorsaux.

Jeudi :

20 minutes en endurance (75 % FCM) et 2 fois 9 minutes à 85-88 % FCM, avec 3 minutes au trot entre chaque accélération. Puis 10 minutes en endurance.

Dimanche :

1 heure en endurance (75 à 78 % FCM).

6e et dernière semaine allégée

Mardi :

30 minutes en endurance (70 à 75 % FCM).

Jeudi :

30 minutes en endurance (70 à 75 % FCM).

Dimanche :

Votre semi-marathon.

Nos 3 conseils pour passer à la « vitesse supérieure »

- Observez 3 jours de repos total après la course, si ce n'est avec un peu de marche, puis reprenez progressivement l'entraînement avec des sorties en endurance de 40 à 45 minutes pendant la semaine qui suit votre semi.
- Profitez de vos progrès pour réaliser pendant 6 semaines 1 séance de type VMA par semaine (exemple : 1 ou 2 séries, selon vos sensations, de 6 à 8 fois 30 secondes vite puis 30 secondes lentement).
- Cette première préparation pour une course longue peut vous permettre d'envisager de nouveaux objectifs comme un premier trail en nature (jusqu'à 15 km et 300 mètres de dénivelé), battre votre record sur 10 km, voire de projeter, comme nous allons vous le proposer, un premier marathon d'ici 1 an.

Comment gérer mon semi...

- D'abord avant la course un peu de diététique. La semaine précédant votre semi, forcez sur les féculents (pâtes au blé complet, riz complet, pommes de terre) pour faire le plein de glucides, votre supercarburant, et encore plus la veille de la course, au déjeuner et au dîner, où vous ferez comme avant le marathon une pasta-party avec pâtes, viandes blanches ou poisson, semoule au lait ou gâteau de riz et fruit. Mais surtout sans vous gaver : vous devez bien dormir. Le matin « petit déj » léger pris au moins 3 heures avant la course.
- Et maintenant, c'est la course. Arrivez plus d'1 heure avant le départ, surtout s'il y a affluence. Il faut déposer vos affaires au stand prévu pour cela, puis vous échauffer en trottinant 10 minutes au moins et faire quelques étirements des mollets, des quadriceps, des ischio-jambiers. Mais tout cela en douceur bien entendu !
- Comme sur 5 ou 10 km, ne vous laissez pas griser par l'ambiance de la course, par le départ très rapide, dès le coup de pistolet, des coureurs plus affutés. Partez à l'allure travaillée avec votre plan de préparation, pas plus de 88 % de votre FCM, et surtout bien moins vite au départ.
- Continuez d'être régulier et buvez 1 verre d'eau à chaque poste de ravitaillement. Il n'est pas nécessaire de manger en revanche.
- Si votre allure est facile, si vous respirez aisément, surtout pas d'accélération brutale à mi-course, au passage au 10e km, vous risqueriez de le payer au prix fort un peu plus loin.
- Comme sur marathon, nous le verrons plus loin, risque de « mur », de défaillance possible, au 15e km, les muscles des jambes ayant un peu de mal à répondre, le souffle aussi. On boit alors 1 verre d'eau au stand de ravitaillement, on marche un peu et on repart pour les 6 derniers kilomètres.
- Plus que 6 km, c'est bon pour le mental, pour le cœur et les muscles, et si on se sent bien, on peut accélérer sur la fin, mais surtout pas trop tôt, au 18e, voire au 19e km...
- La ligne franchie, on boit à nouveau, on mange un peu, 1 fruit frais ou sec, et on marche quelques minutes pour récupérer. Pas d'étirements surtout.
- Lors des rendez-vous importants, des stands de massages avec kinésithérapeutes sont mis à la disposition des coureurs, pourquoi ne pas en profiter ? Des podologues sont aussi souvent présents pour soigner vos éventuels bobos aux pieds.

... et bien récupérer

À la différence du marathon, *a priori* pas de courbatures, de muscles trop tétanisés qui, le lendemain, vous font descendre difficilement les marches de votre escalier, ou celui de votre métro, vous obligeant à vous cramponner à la rampe. Toutefois, pas de reprise hâtive de votre entraînement. Voici nos conseils :

- **Mardi :** Repos ou 20 à 30 minutes au trot ou avec marche un peu rapide si vous avez couru votre semi le dimanche. Éventuellement, une balade tranquille à vélo si vous en possédez un.
- **Jeudi :** 40 à 45 minutes en courant lentement à 65-70 % de votre FCM.
- **Samedi ou dimanche :** 40 à 45 minutes en endurance (70 à 75 % FCM), ou selon votre forme, votre bonne récupération, 15 minutes d'échauffement à allure lente, puis 5-6 fois 30 secondes vite 30 secondes lentement, cela pour rendre du tonus aux muscles.

Retour à la normale la semaine suivante avec réintroduction de séances fractionnées (90 à 95 % de votre FCM) et au seuil (80 à 90 % FCM), si vous en faisiez déjà.

Ce que j'ai ressenti pendant mon semi

Les +

- Une ambiance différente, plus « compétitive » par rapport aux courses plus courtes.
- L'intérêt de devoir et savoir gérer une distance plus longue.
- L'impression d'avoir franchi un palier important.

Les – à améliorer

- Plus difficile de trouver le bon rythme.
- Le passage à mi-course, au 10e km, pas toujours aisé à gérer.
- La tentation d'accélérer dans les 2 derniers kilomètres.

Nos réponses

- Partir lentement est indispensable pour boucler une course de près de 2 heures : une imprudence ne pardonnerait pas, ce sera la même chose pour votre deuxième semi…
- Encore 10 km, c'est long ; pis au marathon quand on se dit légèrement dépité qu'il reste autant à faire au moment du passage au 20e. La solution : avoir un mental fort et positiver !
- Mieux vaut, surtout quand on débute sur la distance, attendre le dernier kilomètre, voire les derniers 600-800 mètres pour donner un « coup de bourre » : c'est plus prudent, ça passe mieux, car 2 km, c'est long !

NOTRE TÉMOIN

Cyril : il n'avait jamais couru 2 heures !

« J'ai couru mon premier semi à Paris, dit Cyril Gérard, 33 ans, après m'être entraîné 3 fois par semaine, mais sans jamais dépasser 1 heure 15 minutes lors de mes sorties. Je me demandais donc si j'allais pouvoir courir pendant 2 heures, ce que je n'avais jamais fait à l'entraînement. J'ai bien dosé mon effort, terminé en 1 heure 55 minutes sans avoir rencontré trop de problèmes. Je voulais avant tout terminer et avoir envie de recommencer. » Pari gagné pour Cyril.

Vos sensations

102
1
15
11
20

Chapitre 7

La tentation du marathon !

C'est donc décidé, je vais faire mon premier marathon. Surtout pas d'improvisation, mais un programme cohérent distillé avec l'aide de Rodolphe Bier, notre entraîneur conseil, le but étant de vous permettre de franchir la ligne d'arrivée avec l'envie de recommencer. Car si tout individu en bonne santé, ne présentant pas de contre-indications médicales et ayant derrière lui au moins 1 année de pratique régulière peut courir un marathon, ce ne sera quand même pas une partie de plaisir, il faut le savoir.

Les difficultés, les baisses de régime, les crampes, tout cela peut survenir. Il convient donc d'essayer de limiter tous ces « pépins » possibles. Reste donc à respecter quelques conditions : faire d'abord une préparation dite générale qui favorisera votre préparation spécifique en 8 semaines pour le marathon ; suivre une diététique également adaptée avec beaucoup de féculents, mais pas que cela ; enfin, choisir le bon équipement pour se préparer, puis courir le marathon. Cet équipement : des chaussures de running surtout, qui se seront entraînées avec vous. Bref, pour réussir votre premier marathon, vous devrez respecter ces 10 conseils de base.

Les 10 conditions de votre succès

Je cours depuis 1 an, voire plus...

Bien sûr, vous n'allez pas faire votre premier marathon sans jamais avoir couru, et même si vous avez un passé sportif dans le football par exemple – cela arrive souvent –, ce sport n'est pas vraiment idéal pour aborder directement le marathon. Idem pour le tennis. Vous devez donc courir depuis au moins 1 an en endurance (60 à 80 % de votre FCM), avec des séances d'1 heure au moins et plus si possible, des sorties bien maîtrisées, sans essoufflement ; bref, des séances à l'aise, même si vous devez encore vous arrêter, marcher un peu de temps en temps, pour mieux repartir. Mais tout cela vous l'avez fait si vous avez participé à un premier 10 km ou semi, 2 distances vivement conseillées avant de faire plus long.

Je peux courir 1 heure sans m'arrêter

Ce n'est pas contradictoire avec ce que nous venons de voir dans le premier point. En effet lors d'une sortie un peu longue, 1 heure et plus, vous pouvez vous arrêter pour marcher et trouver un second souffle. Mais il n'empêche que vous devez être capable dans l'absolu de courir 1 heure sans vous arrêter. Sans doute pas un problème pour vous. Dans le cas contraire, mieux vaudrait retarder votre décision de courir un marathon. Mais pourquoi 1 heure ? Parce que c'est une étape importante dans sa progression, une référence certaine pour envisager des objectifs plus ambitieux. Un passage qui vous donne confiance pour faire plus long, car pour préparer son marathon, il faudra doubler cette heure...

J'ai fait un test d'effort sous contrôle médical

Nous avons déjà abondamment parlé de ce test dans cet ouvrage. Rappelons qu'il est fait par un médecin du sport, qu'il s'agit d'une course progressive sur un tapis, qui est interrompue toutes les 3 minutes pour permettre au médecin de faire des prélèvements sanguins au lobe de votre oreille et de déterminer votre taux d'acide lactique dans le sang. C'est ce taux qui va déterminer tous vos seuils et surtout votre fréquence cardiaque maximale, guide indispensable pour calibrer vos allures. Si vous devez courir à 70 % de votre FCM, le calcul est aisé à faire. Idem pour l'allure marathon : eh oui, il existe une allure marathon type déterminée par les spécialistes à 80 % de votre FCM. Mais cette allure, qui est une moyenne, est valable pour les marathoniens déjà expérimentés. Pour vous, ce sera en dessous. À la lumière de tous ces paramètres, vous pourrez suivre le plan d'entraînement que nous vous proposons sans faire d'erreurs et en courant bien aux bonnes allures. Rappelons encore que ce test d'effort que peut vous prescrire votre médecin sera complété par un examen complet, de la tête aux pieds, pour détecter d'éventuels problèmes.

Je m'entraîne au moins 3 fois par semaine

C'est en effet le bon dosage, nécessaire pour être à l'aise en courant. Donc, à votre programme hebdomadaire, 3 séances que vous aurez faites avant votre préparation spécifique pour le grand rendez-vous, et aussi 3 séances lors de cette préparation en 8 semaines concoctée par notre entraîneur Rodolphe Bier. Toutefois, rien ne vous empêche bien sûr de faire une quatrième séance en endurance, d'une durée moyenne, 50 minutes par exemple, si vous en avez le temps et l'envie. Mais prenez garde d'éviter ce que l'on appelle le surentraînement. Il s'agit de votre premier marathon, qu'il faudra tout simplement terminer dans de bonnes conditions. Pas question de viser un « chrono » !

Je développe raisonnablement mon endurance

Il faut faire beaucoup de kilomètres à l'entraînement, sans doute, car un marathon c'est long, mais ne pas abuser néanmoins du kilométrage, c'est même le piège à éviter. Donc, avant votre préparation spécifique, pas la peine de chercher à courir plus de 2 heures et à accumuler de la fatigue : une sortie d'1 heure 20 à 1 heure 30 par semaine à environ 70-75 % de votre FCM serait idéale pour développer votre endurance et vous préparer à suivre votre plan dans les meilleures conditions de fraîcheur physique et… mentale.

Je fais des séances au seuil anaérobie

Le seuil anaérobie, aussi connu sous le nom d'endurance active ou de résistance douce – c'est la même chose –, est aussi déterminé lors du test d'effort dont nous avons parlé plus haut. En clair, disons qu'il se situe entre 80 et 90 % de votre FCM. Rappelons pourquoi il est important, très important même, de courir au seuil. Parce que cette allure se situe à la limite de l'essoufflement : on peut encore parler, mais plus difficilement. Le rêve ? Courir son marathon au seuil ! Un rêve, une utopie plutôt, car les meilleurs athlètes arrivent à courir au seuil durant une vingtaine de kilomètres, pas plus. Reste que travailler ce seuil, c'est mieux utiliser l'oxygène en compétition et reculer… le seuil de la fatigue.

Rappelons que pour vous, la séance type, c'est 2 et si possible 3 fois 10 minutes au seuil à environ 85 % de votre FCM. Mais il faut commencer par vous échauffer en courant lentement durant 15 minutes, puis faire une première accélération de 10 minutes à 85 %, récupérer au trot 2 minutes, puis repartir 10 minutes, etc. Après votre deuxième ou troisième course de 10 minutes au seuil, vous récupérerez à allure lente durant environ 10 minutes également, voire un peu plus si vous vous sentez bien.

J'ai commencé l'entraînement fractionné

Mais ai-je vraiment besoin de fractionner pour courir mon premier marathon ? Non, si votre objectif est simplement de le terminer, l'endurance et le seuil suffiront. Reste que ce discours s'adresse surtout au coureur de 50 ans et plus qui aura pour ambition de courir son marathon pour se faire plaisir sans prendre le moindre risque. Pour le néo-marathonien plus jeune, nous l'avons dit, faire des séances d'entraînement par fractions rapides, type 30 secondes vite - 30 secondes lentement, répétées 6 à 8 fois, c'est intéressant pour améliorer sa VMA (vitesse maximale aérobie, c'est-à-dire avec apport d'oxygène), qui fera progresser l'allure d'endurance et donc fera courir plus vite, y compris dans un marathon. Car si on ne peut tenir que 4 à 8 minutes, selon le niveau, à cette allure maximale, rappelons qu'on va en exploiter un pourcentage sur les distances plus longues. Vos muscles seront mieux alimentés en oxygène et votre style de course sera aussi amélioré, plus facile. En outre, ces séances permettront, nous l'avons déjà dit, de varier votre entraînement, de ne pas toujours faire la même chose. Avec l'expérience, on fractionne sur des distances plus longues : 200 mètres, 400 mètres (VMA courte) et 1 000 mètres (VMA longue). Mais outre les distances, plutôt que 30 secondes vite - 30 secondes lentement, vous ferez 5 à 6 fois 1 minute vite suivie d'1 minute lentement. Puis avec 1 minute 30, etc.

Je m'étire toujours en douceur

Rappelons que les étirements (des mollets, des quadriceps qui sont les muscles avant de la cuisse, des ischio-jambiers, les muscles arrière de la cuisse, et des adducteurs, les muscles entre les cuisses) peuvent être faits surtout avant une séance tonique, faite de fractionné ou de seuil, cela pour bien préparer nos muscles à cet effort. Après l'effort, après votre séance, mieux vaut éviter tout risque de blessure en re-sollicitant des muscles et articulations qui viennent de l'être. Nous vous conseillons à nouveau comme certains entraîneurs le proposent de faire votre séance chez vous, dans la semaine, durant 20-30 minutes, avec, en complément, renforcement des abdominaux et des dorsaux.

J'équilibre mon alimentation

Il faut varier ses menus, manger de tout, encore plus lorsque l'on prépare un marathon, sans oublier de boire au moins 1,5 litre d'eau par jour. Manger de tout, viande, poisson, légumes, fruits, et bien sûr consommer des glucides lents (pâtes au blé complet, riz complet, pommes de terre), qui, stockés sous forme de glycogène dans les muscles et le foie, constituent, nous l'avons dit, votre supercarburant de l'effort. À consommer 1 fois par jour, ces féculents, en association possible avec des légumes verts et plus encore – nous y reviendrons un peu plus loin –, lors de la dernière semaine de préparation avant votre marathon. Mais c'est durant votre préparation générale et encore plus durant votre préparation spécifique en 8 semaines que vous devrez forcer sur les féculents. En revanche, soyez léger sur les sucres rapides et autres viennoiseries et boissons gazeuses très sucrées aussi.

Je m'équipe et me chausse bien

Outre vos maillot et cuissard en textile moderne et non en coton afin de mieux évacuer la transpiration, sans oublier pour vous, mesdames, le port d'un soutien-gorge adapté au sport, en vente dans les boutiques spécialisées, procurez-vous une bonne paire de running qui vous apportera, durant votre course, l'entraînement puis le marathon, le confort, l'amorti des chocs sur le bitume, sans oublier une bonne stabilité lors du déroulé de votre foulée. Le poids idéal pour un premier marathon : pas moins de 330 grammes. Et surtout, n'achetez pas vos running quelques jours avant le marathon, ils devront avoir été faits à votre pied durant toute votre préparation.

Mon plan marathon

Ce plan s'adresse aux coureurs qui courent depuis au moins 1 an, voire un an et demi, qui font 2 entraînements minimum par semaine et qui ont déjà participé à un semi-marathon.

Vos 4 semaines types de préparation générale juste avant de commencer ce plan

Pour aborder ce plan dans les meilleures conditions, il est essentiel :

- de prévoir 6 semaines de préparation générale, plutôt que 4 pour le 5 km, le 10 km et le semi, car le plan d'entraînement est forcément plus exigeant, il faut bien le préparer, bien l'anticiper ;
- d'avoir fait une sortie d'1 heure 15 minutes à 1 heure 30 minutes par semaine ;
- d'avoir fait une séance du type VMA longue (ou fractionné long), type 8 fois 1 minute 30 secondes à 90-95 % FCM par semaine, sauf si l'on a 60 ans ou plus, le seuil (85 à 88 %) étant alors recommandé pour ces séances fractionnées. Idem après 50 ans et sans grande expérience ;
- d'avoir couru 3 fois par semaine.

Soit :

Mardi : 45 minutes en endurance (70 à 80 % FCM).

Jeudi : 20 minutes en endurance (70 % FCM) et 6 à 8 fois 1 minute à 90-95 % de FCM avec récupération d'1 minute en course lente après chaque minute, puis 10 minutes en endurance. On pourra évoluer, selon ses sensations et son âge, vers 10 fois 1 minute, puis 8 fois 1 minute 30 secondes au fil des semaines. Mais passé 50 ans, le seuil est vivement recommandé (85-88 %) pour ces séances.

Dimanche : Footing en endurance d'1 heure 15 à 1 heure 30 minutes.

Nos 3 conseils avant de commencer le plan

- Avant ce cycle de 8 semaines, ne dépassez jamais 1 heure 30 minutes en footing lors de vos sorties longues, car un démarrage prématuré de ces sorties dites longues vous épuiserait à court terme. Et rappelez-vous que si la dernière semaine de votre plan est allégée, c'est pour vous permettre de récupérer et d'assimiler toute votre préparation. N'en rajoutez surtout pas en dernière semaine !
- Testez au cours de ces 8 semaines tout votre matériel, avec une attention toute particulière pour vos chaussures.
- Vous avez 60 ans, ou dans ces environs, alors pour vos séances fractionnées type 6 fois 1 minute, ne dépassez pas 85 à 88 % de votre FCM et n'allez surtout pas jusqu'à 90-95 %. Et surtout, que vous ayez 60 ans ou bien moins, respectez le plan que nous vous donnons, ne suivez pas les éventuels conseils d'autres coureurs.

Votre plan en 8 semaines

Rappel

Endurance : se dit d'un footing couru à 75 % - 78 %, voire 80 %, de votre fréquence cardiaque maximale (FCM) si vous utilisez un cardiofréquencemètre et connaissez votre véritable FCM, ou c'est plus simplement un footing dont l'intensité ne produit pas un essoufflement marqué et vous permet de parler sans problème durant l'effort.

Seuil anaérobie ou endurance active : intensité de course (85 à 88 % voire 90 % FCM) qui produit un essoufflement plus marqué, c'est l'intensité que vous avez sans doute atteinte lors de votre course de 10 km. Et que les coureurs de 60 ans et plus adopteront lors de leurs séances fractionnées.

Vitesse maximale aérobie (VMA) **:** c'est la vitesse la plus rapide à laquelle vous pouvez courir, mais en apportant suffisamment d'oxygène aux muscles (90 à 95 % FCM). Au-delà de cette allure, le sprint, les muscles se retrouvent « en dette d'oxygène » et la combustion des carburants (glucides dans ce cas) se fait mal, avec une rapide accumulation d'acide lactique au niveau musculaire.

Rando-course : vous en ferez dans notre plan, c'est une alternance de course en endurance et de marche rapide sur un rythme défini à l'avance (exemple : 9 minutes de course suivies d'1 minute de marche rapide).

1re semaine

Mardi :

45 minutes en endurance (75 à78 % FCM).

Mercredi :

Rappel : tous les mercredis de ce plan ou un autre jour sans séance prévue, le vendredi par exemple, mettez à votre programme étirements et renforcement des abdominaux et dorsaux à faire en nature, si le temps le permet ou, mieux une fois rentré chez vous. Étirements des quadriceps, des ischio-jambiers, des mollets et des adducteurs, puis renforcement des dorsaux et abdominaux (voir p. 102).

Jeudi :

30 minutes en endurance (75 % à 78 % FCM), puis 6 fois : 2 minutes 30 secondes à 90-95 % FCM (ou 85-88 % si 60 ans et plus, voir nos conseils p. 146) suivies d'1 minute 30 secondes lente. Puis 10 minutes en endurance.

Dimanche :

1 heure 30 minutes en endurance (75 à 78 % FCM).

2e semaine

Mardi :

45 minutes en endurance (75 % à 78 % FCM).

Mercredi :

Étirements et renforcement des abdominaux et dorsaux chez soi ou en nature.

Jeudi :

30 minutes en endurance (75 % à 78 % FCM), puis 8 fois : 2 minutes 30 secondes à 90-95 % FCM (85-88 % si 60 ans et plus) suivies d'1 minute 30 secondes lente. Puis 10 minutes en endurance.

Dimanche :

1 heure 45 minutes en endurance (75 à 78 % FCM).

Possibilité de faire une pause de 3 minutes pour marcher après 1 heure de footing.

3e semaine

Mardi :

45 minutes en endurance (75 % à 78 % FCM).

Mercredi :

Étirements et renforcement des abdominaux et dorsaux.

Jeudi :

30 minutes en endurance (75 % à78 % FCM), puis 3 fois 6 minutes au seuil (85-88 % FCM) avec récupération de 2 minutes en endurance après les 6 minutes.

Dimanche :

2 heures en endurance (75 à 78 % FCM). Avec 45 minutes en endurance, puis 45 minutes en rando-course (soit 9 minutes de course, puis 1 minute de marche rapide), puis 30 minutes en endurance (75 à 78 % FCM).

4e semaine

Mardi :

40 minutes en endurance (75 à 78 % FCM).

Mercredi :

Étirements et renforcement des abdominaux et dorsaux.

Jeudi :

30 minutes en endurance (75 % à 78 % FCM), puis 3 fois 7 minutes au seuil (85 à 88 % FCM) avec récupération de 2 minutes 30 secondes en endurance après les 7 minutes.

Dimanche :

2 heures 10 minutes en endurance (75 à 78 % FCM). Avec 45 minutes en endurance, puis 1 heure en rando-course (soit 9 minutes de course, 1 minute de marche rapide), puis 25 minutes en endurance (75 à 78 % FCM).

5e semaine

Mardi :

40 minutes en endurance (75 % à 78 % FCM).

Mercredi :

Étirements et renforcement des abdominaux et dorsaux.

Jeudi :

30 minutes en endurance (75 % à 78 % FCM), puis 3 fois 8 minutes à 85 à 88 % FCM, avec récupération de 3 minutes en endurance entre chaque accélération de 8 minutes. Puis 10 minutes en endurance.

Dimanche :

2 heures 20 minutes en endurance (75 à 78 % FCM). Avec 1 heure en endurance, puis 45 minutes en rando-course (9 minutes de course suivies d'1 minute de marche rapide). Puis 35 minutes en endurance (75 à 78 % FCM).

6e semaine

Mardi :

30 à 40 minutes en endurance (75 % à 78 % FCM).

Mercredi :

Étirements et renforcement des abdominaux et dorsaux.

Jeudi :

30 minutes en endurance (75 % à 78 % FCM), puis 2 fois 10 minutes à 85-88 % FCM avec 3 minutes en endurance entre chaque accélération. Puis 10 minutes en endurance.

Dimanche :

1 heure 30 minutes en endurance (75 à 78 % FCM). Intégralement en mode rando-course (9 minutes de course suivies d'1 minute de marche).

7e semaine

Mardi :

1 heure en endurance (75 à78 % FCM).

Mercredi :

Étirements et renforcement des abdominaux et dorsaux.

Jeudi :

30 minutes en endurance (75 % à 78 % FCM), puis 2 fois 12 minutes à 85-88 % FCM avec 3 minutes en endurance entre chaque accélération. Puis 10 minutes en endurance.

Dimanche :

1 heure 15 minutes en endurance (75 à 78 % FCM). Intégralement en mode rando-course (9 minutes de course suivies d'1 minute de marche).

8e semaine allégée

Mardi :

30 minutes en endurance (75 à 78 % FCM).

Jeudi :

30 minutes en endurance (75 % à 78 % FCM).

Dimanche :

Votre marathon.

Nos 3 conseils pour améliorer votre chrono sur marathon

- Observez 1 semaine de repos total après la course, puis reprenez en douceur (voir plus bas).
- Reprenez l'entraînement en axant votre préparation sur un cycle de 6 semaines, au cours duquel vous privilégierez les séances de VMA courtes, type 6 à 8 fois : 15 secondes vite, 15 secondes lentement ; 30 secondes vite, 30 secondes lentement ; 1 minute vite, 1 minute lentement. En faisant 2 séries de 6 ou 8 fois si vous le pouvez. Sinon une seule série.
- Ce premier marathon pourra vous servir de base pour vous fixer un objectif chronométrique plus précis pour un autre marathon que vous programmerez dans 6 mois au plus tôt, voire 1 an, c'est bien mieux à votre niveau.

Ma bonne alimentation

La « pasta » de la veille bien sûr

On commence par la fin, la pasta-party, parce que c'est festif ! La veille du marathon, place donc à la pasta-party, un ultime repas, le dîner qui précède le marathon. Une pasta parfois proposée par l'organisation de la course, c'est fréquent, ou faite et préparée tranquillement chez soi. Une pasta composée de pâtes complètes et cuites al dente (surtout pas molles, car ce seront alors des sucres rapides que vous ingurgiterez), ou bien du riz complet – pourquoi pas ? –, mais sans accompagnement gras (à éviter beurre, fromage, lardons, sauces…), car cela alourdirait votre digestion et risquerait de perturber votre sommeil. Pour accompagner vos pâtes, des mélanges légers de légumes et aromates (épinards, courgettes, basilic, thym…) arrosés d'un léger filet d'huile. Vous compléterez avec 1 tranche de jambon, 1 morceau de viande blanche, ou du poisson. Enfin, finissez avec 1 laitage et 1 fruit frais. Mais pas trop tard, cette pasta : il faut, encore une fois, digérer pour bien dormir.

Sans oublier les 8 semaines de « prépa » et la dernière semaine

Nous l'avons déjà dit, c'est bien durant toute votre préparation et durant la dernière semaine que vous devrez consommer des glucides lents (pâtes, riz, pommes de terre, blé…), associés à des légumes verts, sans oublier les fruits et les laitages. Durant la dernière semaine, pour faire le plein de glucides, consommez des féculents au déjeuner et au dîner. Encore une fois associés à des légumes. Mais surtout, ne vous gavez pas, ne mangez pas trop, même si, durant cette dernière semaine, votre entraînement sera réduit. Et surtout, buvez 1,5 litre d'eau par jour. La bière, vous la dégusterez le soir du marathon pour fêter votre réussite !

Un ultime petit déjeuner complet mais léger

Pris au moins 3 heures avant le départ de la course, le petit déjeuner pourra comprendre thé ou café ou chicorée selon vos habitudes, 1 verre de jus de fruits frais de préférence, avec 1 yaourt et des céréales de bonne qualité (type Weetabix, All Bran, Jordans), des fruits (pomme, kiwi…), 1 tartine avec beurre, miel ou confiture et éventuellement 1 tranche de jambon ou 1 œuf mollet. Toutefois, ne mangez pas trop, ne vous alourdissez pas l'estomac, vous pourriez le regretter sur la ligne de départ.

Un autre choix possible : une bonne part de gâteau énergétique vendu dans les magasins de sport, avec 1 tasse de café ou du thé. Vous pouvez le consommer un peu plus tard le matin.

Comment gérer ma course

- Efforcez-vous, encore plus si c'est un grand marathon avec plusieurs milliers de coureurs, d'arriver au moins 1 heure 30 - 2 heures avant le départ, car il faudra reconnaître les lieux, déposer votre sac dans le site prévu par l'organisation, puis vous échauffer. Cela passe très vite.
- En tenue, place à l'échauffement durant au moins 15 minutes, au trot léger, et pourquoi pas avec quelques étirements, toutefois pas imposés, mais en tout cas faits en douceur. Ce serait vraiment bête de vous blesser avant même d'être parti…
- Si, en raison de l'affluence, vous partez par vagues, selon votre objectif, et non tous ensemble, comme ce sera votre premier marathon, vous serez dans l'une des dernières vagues qui doivent attendre plus longtemps. Sautillez, surtout s'il ne fait pas chaud, étirez-vous le buste en douceur, discutez avec votre voisin : c'est excellent pour faire connaissance.
- Le coup de pistolet pour votre vague a retenti, surtout ne partez pas trop vite, emporté par la foule et l'euphorie. Courez lentement, échauffez-vous encore. Si l'organisation en a prévu un, faites confiance au meneur d'allure, un accompagnateur, un guide très expérimenté qui vous donnera… la bonne allure et vous conseillera tout au long du parcours, vous disant aussi quand vous arrêter, marcher un peu, notamment aux stands de ravitaillement…
- Les ravitaillements, justement, placés tous les 5 km. Ils sont composés de bénévoles qui vous tendront votre gobelet d'eau, que vous devrez boire sans hésiter. Ne forcez pas sur le solide, même si parfois, c'est tentant de manger 1 morceau de banane, de pomme, 1 fruit sec. Il n'est pas nécessaire d'alourdir son estomac ; prenez en revanche à chaque table 1 ou 2 morceaux de sucre. Avec l'eau, cela doit suffire.
- Le « mur », vous connaissez l'expression maintenant, c'est-à-dire la baisse de régime au semi, soit à mi-course, et surtout au 30e km lorsque le glycogène diminue. La solution : marcher, respirer, se décontracter et, comme le dit Chantal, notre témoin, faire preuve d'un super mental à ces moments précis. Le marathon, c'est autant dans les jambes que dans la tête. Bref, po-si-ti-vez !
- Et sans avoir accéléré dans le dernier kilomètre, mais plutôt dans les 50 ou 100 derniers mètres, cela suffit, vous pourrez franchir la ligne bras levés. Avec surtout l'idée de vouloir recommencer.

Ne faites surtout pas comme Alain Mimoun !

Champion olympique du marathon en 1956 à Melbourne en Australie, Alain Mimoun nous a quittés en 2013 à l'âge de 92 ans. À 90 ans passés, il joggait encore. Reste qu'à Melbourne, certains spécialistes, qui n'avaient pas lu le livre que vous avez entre les mains, estimaient qu'il ne fallait surtout pas boire lors d'un marathon : pas bon pour l'organisme, pour l'estomac alourdi, etc. Il faisait 36 °C à Melbourne le jour du marathon, Alain Mimoun n'a donc pas bu… mais il a quand même gagné, devenant le seul champion olympique français sur la distance. Au 30e km il a connu une grosse défaillance, le « mur du marathon », mais il a tenu, il y a cru, il est reparti et a donc vaincu. Comme Chantal, notre marathonienne témoin (voir ci-dessous), le marathon, c'est bien une affaire de super mental.

NOTRE TÉMOIN

Chantal : un super mental d'abord !

Chantal a bouclé son premier marathon, celui de Paris, en 4 heures 45 minutes. À 56 ans ! « J'avais une bonne endurance, je courais tous les jours de 45 minutes à 1 heure, mais sans jamais faire de séances fractionnées. J'ai rencontré des problèmes musculaires au 15e km puis vers le 25e. Mais j'ai continué, je voulais finir, et au 38e j'ai alterné course et marche pour franchir la ligne. Mon atout : un super mental, je ne suis pas douée pour la course de fond, mais je savais que je pouvais le faire, tout le monde peut le faire, c'était un rêve de franchir la ligne, rêve réalisé. »

Ce que j'ai ressenti pendant mon marathon

Les +

- Une ambiance festive avec un gros peloton et beaucoup de spectateurs qui vous encouragent.
- L'intérêt de bénéficier des conseils d'un meneur d'allure qui vous accompagne et vous motive tout au long du parcours.
- La joie de passer la ligne d'arrivée. Tout simplement.

Les – à améliorer

- L'attente un peu longue avec les départs par vagues.
- Un départ trop rapide pas facile à gérer avec l'euphorie.
- La difficulté de gérer le passage au semi et au 30e km.

Nos réponses

- Vagues des 4 heures 30, des 4 heures, des 3 heures 30, etc. Lorsque l'on court son premier marathon avec des vagues de coureurs qui partent en fonction du chrono visé, pas de problème pour les coureurs en 2 heures 30, qui partent très vite, mais longue attente pour les 4 heures 30, les 5 heures. Que faire ? sautiller, ne pas se laisser refroidir, s'étirer un peu et discuter avec son voisin… Ou choisir un marathon avec moins de coureurs : 4 000 ou 5 000, c'est déjà très bien, on n'est pas isolé et c'est sans vagues…
- Ne surtout pas partir trop vite, l'euphorie aidant après l'attente du départ, mais courir comme si on s'échauffait. La route est longue, on trouvera mieux ainsi sa bonne allure.
- Comme le dit Chantal, notre témoin, c'est surtout une affaire de mental les passages au semi, au 30e km, sans oublier que l'on peut s'arrêter pour se ravitailler et repartir en marchant un peu…

Comment bien récupérer et repartir

Après la course

Vous marchez lentement, vous évitez de vous asseoir et allez boire de l'eau et manger quelques fruits proposés dans les stands de ravitaillement. Puis, si besoin, massages sur place, des kinésithérapeutes sont présents, voire soins des pieds avec un podologue souvent présent également. Ensuite, on remet sa tenue civile – ne gardez surtout pas des tee-shirts dans lesquels vous avez transpiré – et on rentre chez soi prendre un bon bain chaud. La bière et le bon repas, c'est prévu le soir…

La semaine suivante

Pas du tout de course à pied durant cette semaine, mais le lundi vous pouvez marcher, faire une sortie vélo de 30 minutes, pas plus, histoire de récupérer. Repos les 3 jours suivants, et reprise sans course le dimanche avec marche un peu active, nordique, une balade en vélo de 50 minutes à 1 heure, ou encore natation.

Les 2 semaines suivantes

Reprise de la course avec en alternance du vélo, de la natation ou de la marche, selon vos préférences. Soit le programme suivant :

Mardi :

Footing en endurance de 40 minutes (70 à 75 % FCM).

Jeudi :

50 minutes de vélo ou 40 minutes de marche active ou nordique avec bâtons ou natation.

Samedi ou dimanche :

Footing en endurance de 50 minutes, voire 1 heure (70 à 75 % FCM) si vous vous sentez bien, à l'aise.

La 4e semaine

Reprise de la course à pied à 100 %, mais sans dépasser 1 heure, voire 1 heure 15 minutes à 70-75 % FCM pour les plus motivés lors de votre sortie en endurance.

Et après… ?

Et après, qu'allez-vous faire ? Envisager un deuxième marathon ou renoncer à cette distance ? Les 2 cas de figure sont possibles.

Vivement le prochain

Difficile, forcément difficile, cet effort de 42 km, une fin compliquée, des crampes, un parcours pas facile à gérer, fait de hauts et de bas, mais vous y êtes arrivé, vous avez franchi la ligne d'arrivée fatigué, bien sûr, mais pas cassé. Vous avez relevé le défi et vous pouvez envisager d'en courir un deuxième, vous en avez même envie, mais dans 1 an, pas moins, il faudra récupérer, puis peut-être ajouter une quatrième séance d'entraînement hebdomadaire et courir sur d'autres distances, 10 km et semi, pour aller un peu plus vite. Idem à l'entraînement où, avec l'endurance et le seuil (de 80 à 90 % de votre FCM), il faudra peut-être ajouter des séances fractionnées en résistance dure, plus longues que le 30-30. Par exemple, 4, 5 ou 6 fois 400 mètres jusqu'à 95 % de votre FCM, ou 3 fois 1 000 mètres moins vite, de 80 à 85 % de votre FCM. Reste que si vous avez plus de 50 ans, nous l'avons dit, la résistance dure est à éviter, encore plus pour un coureur peu expérimenté.

Non, plus que des semi !

Dommage de finir sur cette note négative, mais cela peut arriver, l'effort fut trop dur, les derniers kilomètres interminables, plus envie de remettre ça ! Vous pourrez changer d'avis, une fois toutes les fatigues évacuées, et sinon n'envisager que de courir 10 km et semi. Pourquoi pas, le semi est, nous l'avons dit, une course longue de 21,100 km, qu'il faut aussi bien gérer, sans faire d'erreurs de rythme, et qui permet, à la différence peut-être du 10 km, plus court, plus rapide, de bénéficier d'une super ambiance de course avec un peloton souvent très étoffé. Que des semi, pourquoi pas alors !

Vos sensations

Chapitre 8

Pour aller plus loin

Comme tous les livres pour les Nuls, celui-ci se termine aussi par la partie des Dix qui va indiquer, tout simplement, comment courir avec encore plus de plaisir une fois votre lecture terminée et surtout vos premiers objectifs atteints. Car, pour vous, tout ne fait que commencer…

10 idées pour mieux courir

Rejoindre un groupe

Vous pouvez vous inscrire dans la section course à pied d'un club proche de chez vous. Vous paierez une cotisation, vous rejoindrez d'autres coureurs et, surtout, bénéficierez des conseils et du suivi d'un entraîneur spécialisé dans la course à pied. Idéal pour progresser rapidement, prendre les bonnes habitudes, mais peut-être un peu trop rigoureux si l'on a des horaires de travail et des horaires de famille à respecter. Alors, c'est inévitable, vous connaissez bien des proches, des amis qui courent ; dans ces conditions retrouvez-vous le dimanche par exemple, pour une sortie un peu longue en nature. Excellent pour progresser auprès de coureurs plus expérimentés que vous.

N'oubliez pas : Organisez des groupes de niveau, n'allez pas trop vite, certains coureurs plus expérimentés courent forcément plus vite que vous qui débutez ou presque.

Courir en couple

Courir avec sa femme ou son mari, c'est une excellente idée. Toutefois, comme pour la course en groupe, le niveau n'est sans doute pas le même. Mais si les hommes, plus musclés, courent plus vite que les femmes, certains spécialistes estiment que les femmes sont plus endurantes que les hommes. Dans ces conditions, si vous courez 3 fois par semaine, pourquoi pas faire ensemble une séance type récupération de 40 à 50 minutes en endurance, soit à environ 70 % de votre fréquence cardiaque maximale.

N'oubliez pas : Une séance relaxante, pas très rapide, on peut parler, mais on évitera bien sûr les questions qui peuvent fâcher…

Courir avec son chien

Une excellente idée ! Un coureur habitué à faire des sorties avec son animal favori nous disait que lorsque le chien voyait son maître enfiler ses running, il se démenait, s'agitait dans tous les sens, grognait, fou de joie d'aller courir. Toutefois, ne courez pas n'importe comment avec votre chien, qui peut faire de fréquentes accélérations. Très bon sans doute pour fractionner en nature, mais le mieux pour courir ensemble est de vous procurer une laisse ou longe de 2 mètres maximum reliant le maître au chien. Celle-ci est disponible dans les magasins spécialisés, mais avant de courir avec votre animal, faites-lui passer un examen chez votre vétérinaire pour être certain de son aptitude à courir avec vous. On vous conseille d'aller voir votre médecin avant de commencer la course : idem pour votre chien.

N'oubliez pas : S'entraîner avec son chien, pourquoi pas, mais vous pouvez aussi faire des compétitions avec lui, les canicross existent dans toutes les régions. Tous les chiens peuvent courir, mais pas avant 6 mois en nature avec vous ; pour la compétition, demandez l'avis de votre vétérinaire.

Oublier sa montre

Encore plus après une compétition, il faut de temps en temps aller courir sans montre, sans « chrono », rien que pour le plaisir de sentir le soleil, le vent ou… la pluie fine si possible sur votre visage et de savourer les décors de la nature. À faire si l'on éprouve une certaine saturation ou si l'on est en période de décompression, de récupération après une course un peu difficile.

N'oubliez pas : Nous vous l'avons conseillé, vous pouvez aussi oublier votre cardio ou votre GPS, pour de temps en temps courir à la sensation, au naturel, et ainsi mieux connaître et mieux maîtriser votre potentiel.

Jouer à courir

Seul ou avec vos partenaires, vous pouvez organiser des jeux qui varieront vos plaisirs de course. Vous pouvez ainsi créer un itinéraire qui passera devant tous les monuments importants de votre ville ou de votre quartier, voire devant les sites historiques avec arrêt très court devant les plaques d'information. Vous pouvez aussi courir en file indienne, le premier coureur jette le plus loin possible un bâton que le dernier coureur doit aller ramasser. Il reprend sa place en tête du groupe, jette le bâton que le dernier coureur va à son tour récupérer… Et ainsi de suite.

N'oubliez pas : À faire, là encore, dans une période où l'on n'a pas prévu de course à préparer plus sérieusement… Mais on ne prépare pas des courses tous les mois !

Courir sous la pluie

Sachant que l'on peut chanter sous la pluie, comme nous l'a montré Stanley Donen dans un grand classique du cinéma, avec un bon coupe-vent, une veste imperméable et une casquette, on peut aussi courir sous la pluie… Une pluie fine de préférence, pas une tornade quand même. Mais courir sous la pluie, c'est rafraîchissant – bien sûr – et important aussi pour votre expérience de coureur, car il arrive de temps en temps que votre course, y compris le marathon, soit arrosée. Pas forcément désagréable, au contraire cela vous rafraîchit – évidemment – et vous permet souvent de respirer à l'aise durant votre effort. Bref, une habitude à prendre.

N'oubliez pas : Évitez bien sûr d'aller courir, même si une séance est prévue, en cas d'orage. Trop de pollution, on évite la course ; trop d'éclairs dans le ciel, aussi, c'est encore plus dangereux.

« Resto » plutôt que course

Il faut savoir décompresser, ne pas être obsédé par les séances d'entraînement à faire, penser que si on n'y va pas, on ne va pas progresser, mais décliner. À votre niveau d'amateur de la course à pied à tous les sens du terme – vous n'êtes pas un professionnel –, il faut de temps en temps décompresser, dire oui au resto du dimanche plutôt qu'à la sortie longue, cela vous changera les idées et vous redonnera l'envie de repartir du bon pied…

N'oubliez pas : Des pâtes, du riz, des pommes de terre, d'accord c'est bon pour vos muscles, mais au resto ce dimanche faites-vous plaisir, avec, si vous aimez, sauce et gâteaux à la crème. Et même si vous en mangez souvent, des pâtes bien cuisinées, bien accompagnées, c'est délicieux… Surtout au resto.

Se lancer un nouveau défi

C'est cela l'énorme intérêt de la course avec un dossard : se lancer des défis, se motiver pour aller plus loin. Un défi, c'est déjà de courir son premier 10 km, même si la distance est accessible au plus grand nombre. Mais de course en course, de distance en distance, quand on arrive, comme vous peut-être, au premier marathon, on pense d'abord au deuxième, puis l'expérience aidant, on veut améliorer ses chronos. Descendre sous les 4 heures, faire 3 heures 30 et puis, pour un plus petit nombre, il faut bien le dire, passer la barre des 3 heures ! Ah, courir en 2 heures 59 ! Mais encore une fois le défi est personnel aussi bien pour les marathoniens en 5 heures que pour ceux en moins de 3 heures. Idem sur les autres distances si vous n'êtes pas devenu marathonien.

N'oubliez pas : Un défi qui ne doit pas devenir une obsession, ne devenez pas boulimique à l'entraînement.

Faire une course d'une autre nature

D'une autre nature, c'est vraiment le cas de le dire, car beaucoup de coureurs sur route partagent leur passion avec des courses en nature appelées trails – en anglais un *trail*, c'est un sentier. Des courses vallonnées, avec des parcours parfois longs et difficiles, pas toujours bons pour les articulations, mais s'il y a surenchère dans les distances qui excèdent parfois 100 km, il existe beaucoup de trails courts, 15-20 km pas plus. Pour vous initier à cette pratique, c'est une excellente longueur ; vous ferez plus long ensuite. Mais pas obligé de dépasser les 100 bornes ! Important pour ces trails : le chrono ne compte pas, car si vouloir améliorer son objectif sur marathon est un beau et motivant défi, pas d'obsession du chrono quand même !

N'oubliez pas : Pas de course au chrono sur trail, mais des parcours parfois difficiles ; étudiez quand même le profil avant de… partir.

Course et tourisme, la culture en plus

C'est en plein boom cette tendance. Avant, l'auteur de ce livre s'en souvient bien, on allait à New York, pour faire un chrono. Aujourd'hui on rêve toujours d'aller courir le Marathon de New York parce que la course est devenue quasi mythique, mais aussi pour visiter la ville, Central Park, la statue de la Liberté, l'Empire State Building, ses nombreux musées, New York étant devenue une ville culturelle. Sans oublier… Wall Street. Là, on est loin de la culture. Mais associer tourisme et course à pied est aussi possible à Londres, Berlin, Chicago, ça l'est bien sûr à Paris avec le marathon de la ville qui réunit désormais 50 000 coureurs, ou tout simplement en allant courir Marseille-Cassis, Sedan-Charleville, ou le marathon Lille-Lens, Lens avec son Louvre 2.

N'oubliez pas : Un conseil d'expert, efforcez-vous de visiter la ville après votre course, car beaucoup se sont rendu compte un peu tard qu'ils avaient partiellement dilapidé leurs forces avant la course…

10 grandes classiques françaises

Marseille-Cassis

Une grande classique de 20,3 km qui fait le plein chaque année à la fin du mois d'octobre ; aussi ne perdez pas de temps pour réserver, sur Internet, votre dossard. On part à côté du Stade Vélodrome où joue l'OM, l'équipe de foot, on se dirige ensuite vers le « juge de paix », le col de la Gineste long de 9 km et haut de 327 mètres, et ensuite on plonge vers Cassis où l'accueil sur le port est un grand moment. Le chanteur Jean-Jacques Goldman fait régulièrement cette classique. Mais toujours dans la discrétion.

`www.marseille-cassis.com`

Marvejols-Mende

« Ici commence l'enfer. » Une inscription peinte sur le sol qui annonce, fin juillet, la montée du col du Goudard perché à 1023 mètres. Et un peu plus loin, un autre col, le Chabrits. Une course de montagne alors ? Non, il ne faut pas exagérer, même si ces 2 cols rendent cette course longue de 22,4 km assez difficile. Mais le décor est superbe, et pour ne pas arriver épuisé à Mende, une bonne solution adoptée par beaucoup de coureurs : alterner course et marche dans les cols. Histoire de ne pas finir sur les genoux et aller, le soir, déguster l'aligot-party, proposé par l'organisation, avec un super appétit ! Du reste, les organisateurs offrent aussi désormais la possibilité de rejoindre Mende en marchant à ceux qui… ne courent pas. Course enfants également prévue.

`www.marvejols-mende.org`

Paris-Versailles

Créée en 1977, Paris-Versailles est la « classique » incontournable de la rentrée de septembre en Île-de-France. On part, par vagues, depuis la tour Eiffel et on rejoint Versailles, après avoir monté la côte des Gardes, côte de 2 km qui fait un peu la légende de cette course. Une course relativement courte, vallonnée donc, car après la côte des Gardes, on trouve une autre côte ; épreuve qui rassemble en septembre des champions, des joggeurs et aussi des marcheurs. Tout le monde peut la courir ou la marcher à son rythme sur un parcours de 16 km.

www.parisversailles.com

Sedan-Charleville

« Ambiance, ambiance », chante Yannick Noah, le vainqueur 1983 de Roland-Garros reconverti dans la chanson et coureur à pied à ses heures de loisir. Mais si vous ne rencontrez pas l'ancien champion au départ de votre course, début octobre, pas grave, Sedan-Charleville, longue de 24,3 km, est la plus ancienne classique française ; elle a été créée, tenez-vous bien, en 1906, elle est bourrée de chaleur humaine, d'animations musicales et forte d'un décor ardennais qui n'a aucun complexe à avoir, loin s'en faut. À découvrir !

www.cap08.fr

La Corrida d'Issy-les-Moulineaux… et d'ailleurs

Que les défenseurs des animaux, dont nous faisons partie, se rassurent, on ne lâche aucun taureau dans la ville à l'occasion de ces corridas. Non, en portugais, *corrida* signifie course, et cette corrida de Noël a vu le jour il y a quelques années au Brésil, où l'on parle portugais. Elle a été reprise dans beaucoup de pays, dont la France, la Corrida de Noël organisée à Issy-les-Moulineaux dans les Hauts-de-Seine rassemblant plus de 7 000 coureurs avec des courses pour les enfants, pour les adultes avec un 10 km plat et rapide, et avec une course longue de 10 km aussi et faite de coureurs déguisés en… Père Noël, vous l'avez deviné. Mais cette corrida existe dans beaucoup d'autres communes françaises.

`www.corrida-noel-issy.com`

Les 20 km de la côte Granit rose

Chaque année, fin juillet, cette course de 20 km relie Trébeurden à Perros-Guirec quand ce n'est pas le contraire, car on alterne d'une année sur l'autre la ville de départ et celle d'arrivée. Le granit rose des côtes d'Armor dans toute sa splendeur, tout en traversant les communes de Penvern, Landrellec, Trégastel et Ploumanac'h, des noms qui sentent bon la Bretagne, ne trouvez-vous pas ? Un parcours pas très facile, vallonné, on passe aussi sur une plage de sable, mais on y va plus pour le décor que pour faire un temps.

`www.cotegranitrose.com`

Les 20 km de Paris

Le Granit rose en juillet et les 20 km de Paris début octobre, pourquoi pas ? Une grande classique parisienne qui réunit plus de 20 000 participants, part et arrive tout près de la tour Eiffel, une tour qui voit beaucoup de coureurs puisque c'est aussi le point de départ de Paris-Versailles dont nous avons parlé. Empruntant le bois de Boulogne, les 20 km de Paris sont très plats, très roulants, une course idéale pour coureurs pas trop expérimentés. Ce que vous êtes encore.

www.20kmparis.com

Les Gendarmes et les Voleurs de temps

On a évoqué dans cet ouvrage une possible participation à des trails, des courses en nature, sans le moindre centimètre de bitume, dont le succès ne cesse de grandir. Créé à Ambazac, près de Limoges, par un ancien gendarme, Jean-Luc Monge, qui court bien sûr ce trail organisé au mois de juin, avec des distances de 10, 32 et… 58 km. Il est accessible aux coureurs de tous niveaux, y compris débutants dans ce genre d'épreuves. Le 10 km est idéal pour découvrir la course nature.

www.gendarmes-et-voleurs.com

Le Marathon de Paris

Vous voulez faire votre premier marathon ? Pourquoi pas celui de Paris qui, chaque mois d'avril, attire désormais près de 50 000 coureurs – ils étaient… 126 en 1976, année de sa création –, dont beaucoup de représentants venus des États-Unis, d'Angleterre, d'Allemagne et de bien d'autres pays. Ceci pour dire que Paris vaut bien New York, Londres ou Berlin. L'organisation est parfaite, le parcours est plutôt roulant, un peu moins sur les quais en bordure de Seine vers le 30e km, mais ce n'est pas insurmontable, on peut marcher… avant de repartir vers l'avenue Foch où est jugée l'arrivée. Sans oublier que vous êtes parti de l'avenue des Champs-Élysées envahie par les coureurs et les spectateurs. Il y a de plus en plus de monde sur tout le parcours pour vous encourager, les nombreux orchestres, installés tout au long des kilomètres, apportant aussi un soutien musical très motivant.

`www.parismarathon.com`

Et le Médoc !

Encore un marathon, allez-vous dire ; oui, mais un marathon pas comme les autres que vous pouvez programmer, l'expérience aidant. Pas comme les autres parce qu'il est œnologique à 100 %, ses 23 postes de ravitaillement comprenant bien sûr de l'eau, mais encore des grands crus médocains. Un conseil : ne buvez pas un petit verre à chaque « ravito », mais plutôt vers la fin, car le parcours qui passe dans des châteaux prestigieux est plutôt vallonné. Départ et arrivée dans la commune de Pauillac, début septembre, déguisé de préférence, un thème est prévu chaque année, mais ce n'est pas une obligation. Vous pouvez courir en… tenue de simple coureur. Réservez votre dossard sans perdre de temps, il y a affluence internationale. Comme à Paris.

`www.marathondumedoc.com`

Nota : Que tous les organisateurs de courses en France, du 10 km au marathon et jusqu'au 100 km, une distance que vous courrez peut-être dans quelques années, nous pardonnent de ne pas les avoir cités, mais il fallait bien faire un choix ! Près de 6 000 courses sont en effet organisées en France chaque année.

Vos sensations

Index